Marion Grillparzer | Martina Kittler

Die Erfolgsdiät
simple glyx
DAS KOCHBUCH

Die Erfolgsdiät

simple glyx

DAS KOCHBUCH

Autorinnen: Marion Grillparzer / Martina Kittler
Fotos: Mona Binner

Inhalt

DIE GU-QUALITÄTS-GARANTIE

Wir möchten Ihnen mit den Informationen und Anregungen in diesem Buch das Leben erleichtern und Sie inspirieren, Neues auszuprobieren. Bei jedem unserer Bücher achten wir auf Aktualität und stellen höchste Ansprüche an Inhalt, Optik und Ausstattung. Alle Rezepte und Informationen werden von unseren Autoren gewissenhaft erstellt und von unseren Redakteuren sorgfältig ausgewählt und mehrfach geprüft. Deshalb bieten wir Ihnen eine 100%ige Qualitätsgarantie.

Darauf können Sie sich verlassen:
Wir legen Wert darauf, dass unsere Kochbücher zuverlässig und inspirierend zugleich sind. Wir garantieren:
• dreifach getestete Rezepte
• sicheres Gelingen durch Schritt-für-Schritt-Anleitungen und viele nützliche Tipps
• eine authentische Rezept-Fotografie

Wir möchten für Sie immer besser werden:
Sollten wir mit diesem Buch Ihre Erwartungen nicht erfüllen, lassen Sie es uns bitte wissen! Nehmen Sie einfach Kontakt zu unserem Leserservice auf. Sie erhalten von uns kostenlos einen Ratgeber zum gleichen oder ähnlichen Thema. Die Kontaktdaten unseres Leserservice finden Sie am Ende dieses Buches.

GRÄFE UND UNZER VERLAG
Der erste Ratgeberverlag – seit 1722.

Simple glyx, die Lebensweise für Genießer

Gestern habe ich mir auf dem Spaziergang zwei Haselnüsse gepflückt. Sie geknackt … und hörte meine Oma sagen: »doch nicht mit den Zähnen.« Der weiche Kern beamte mich in die Kindheit zurück. Dieses echte Haselnussaroma schlüpft direkt in das limbische System und verwandelt sich in ein Glück, wie es nur Kinder empfinden. Ich kann diese kleinen Rückreisen noch antreten, dafür bin ich soooooooo dankbar. Viele unserer Kinder wissen gar nicht, wie eine Haselnuss aussieht – und abseits vom Nutellaglas schmeckt.

Eine Viel-Spaß-Küche

Simple glyx ist immer schon Landlust pur. Aber auch modern urban. Ist lecker mediterran. Ist blitzschnell gewokt. Ist einfach süß. Ein Abenteuer für den Gaumen: vom grünen Smoothie morgens bis zum abendlichen Lachs mit Zucchini. Vom Limburger mit Musik bis zur Schoko-Feigen-Mousse. Vom Aprikosen-Lassi bis zum Spinat-Sesam-Bällchen. So, dass man völlig vergisst, dass es sich um eine Diät handelt. Diät heißt Lebensweise. Und glyx ist eine »Lebensweise« für Genießer. Und simple glyx ist einfach eine wunderbare Küche. Weil Martina Kittler uns lehrt, mit wenigen Zutaten und kaum Zeitaufwand Hervorragendes zu zaubern. Seit 15 Jahren übersetzt Martina meine glyx-Philosophie mit ihrem begabten Kochlöffel. Auch in diesem Buch hat sie sich wieder mal die Quadratur des Kreises vorgenommen – und geschafft: Die simple-glyx-Küche ist lecker, gesund, sättigend, gut zur Figur.

Und auch Sie werden es genießen! Blättern Sie einfach mal durch dieses Kochbuch, und Sie ahnen, wie das schmeckt – Landmenschen und Stadtmenschen, Kindern und Gästen, Vegetariern und Keine-Zeit-zum-Kochen-Menschen, Pasta- und Wok-Fans … Sie finden Rezepte aus aller Welt, total Trendiges und ganz Einfaches. Wir kochen weizenfrei. Bieten Low Carb und No Carb. Packen den Fisch in die Pfan-

ne – und sagen, wie man ihn durch Tofu ersetzt. Wer will, der darf, aber keiner muss Fleisch essen. Sogar Veganer finden hier leckere Rezepte.

Das will bald keiner missen: grüne Smoothies, Fatburner-Lassis, Raw-Schokolade, Eiweißbrot, Wokgemüse mit Tofu und Quinoa-Pancakes …
Unsere Dips, Brotaufstriche, Pastasaucen und andere Dinge, die Sie gut vorbereiten und aufbewahren können, sind auf mehrere Portionen ausgelegt.

Natürlich ist unser Buch gespickt voll mit Tipps für Zutatenaustausch und Beilagenvorschlägen. Dazu gibt's jede Menge Tipps für den simple-glyx-Alltag, für die schnelle und für die feine Küche.

Das Wissen, das dahinter steckt

Simple glyx im Allgemeinen heißt: Auf nichts verzichten. Keinen Hunger haben. Null Verbote. Gut essen, sich super wohlfühlen – und automatisch leichter werden. Wie das geht? Ganz einfach, indem Sie Ihrem Körper all die wertvollen Dinge geben, die er braucht, die ihn zufrieden stimmen. Ihn und die Seele. Dann lässt er nämlich von dem los, was er nicht braucht. Das, was Sie loswerden wollen. Überflüssiges, überschüssiges Fett.
Simple glyx in diesem Buch bedeutet: Sie lesen das Wichtigste über die glyx-Philosophie, Sie finden praktische Tabellen und Tipps, die den glyx-Alltag erleichtern – und für den Einstieg ins leichte Leben eine Powerwoche. Hauptsache sind natürlich unsere Rezepte. Sie sorgen von morgens bis abends für fröhlichen, leichten Genuss. Wer mehr wissen will, holt sich noch den gescheiten Bruder, »Die Erfolgsdiät simple glyx«.

So bleibt uns nur noch zu wünschen übrig:

Guten Appetit!

Simple glyx-
weil Essen
Leben ist

Der glyx-Pfad von dick nach dünn ist einfach herrlich. Dort stehen keine Verbotsschilder. Es gibt weder Kontrolle noch Verzicht. Man hat ein Pfund Wissen im Gepäck, ein paar clevere Regeln und ganz viel Lust zum Genießen. Lesen Sie über Kalorien-Training , Pasta-Joker, 1-2-3-Formel ... Genießen Sie die simple-glyx-Survival-Tipps – und dann die vielen leckeren Rezepte.

Was ist simple glyx?

Einfach Lecker

Kerzenschein. Rotwein in der Karaffe. Freunde am Tisch. Sie servieren einen Ziegenkäse auf Salat. Dann ein Pfifferling-Steak und anschließend Rhabarber-Trifle. Klingt doch gut. Oder? Klingt nicht nach Verzicht, Kalorien zählen, Fett meiden, Kohlenhydrate verdammen. Simple glyx heißt: 3- bis 5-mal essen. Je nach Typ. Zum Beispiel? Frühstück: ein Smoothie oder ein Gemüse-Ei im Glas. Mittags Kamut-Spaghetti mit Basilikumpesto. Als Snack ein Avocado-Lachs-Röllchen. Und abends macht man dann ganz simpel eine Blitz-Gemüse-Frittata. Wer vegetarisch essen will, tauscht halt die Zutaten nach Anleitung aus. Die stehen unter jedem Rezept! Wer in der Kantine oder im Restaurant essen möchte, macht das ganz einfach mit einer kleinen simple-glyx-Tabelle nach dem Ampelprinzip. Dazu gleich mehr.

Einfach ungewöhnlich

Simple glyx ist keine gewöhnliche Diät, die auf Disziplin, Kontrolle, Verzicht setzt, kurzfristig Erfolge aufweist und langfristig Jo-Jo bedeutet ... Simple glyx ist eine Lebensweise für Genießer, die Wissen vermittelt, Genuss predigt, Verbote verbietet – die Angst vor dem Essen nimmt. Und das ist ganz wichtig. Wir können nur annähernd ahnen, wie es sich für manche Menschen anfühlt, endlich wieder mit Freude und ohne schlechtes Gewissen am Tisch zu sitzen. Und wie 10, 25 Kilo weniger das Leben erleichtern.

Mit simplem Prinzip

Es gibt eine einfache Regel, die lautet: Kohlenhydrate stoppen die Fettverbrennung. Und zwar über das Blutzuckerhormon Insulin. Das schüttet die Bauchspeicheldrüse aus, wenn wir Kartoffeln essen, Brot, Schokolade, Früchte, Cornflakes ... All das verwandeln Enzyme im Körper in Zuckermoleküle, die den Blutzucker ansteigen lassen. Schnell oder langsam. Schnell heißt: Die Bauchspeicheldrüse schüttet viel Insulin aus, das den Zucker aus dem Blut zur Energieverwertung in die Zellen schickt. Sprich, den Blutzucker schnell und tief sinken lässt – und das macht nervös, zittrig und heißhungrig. Dringt der Zucker vom Darm nur langsam ins Blut, lockt das wenig Insulin, der Blutzucker sinkt langsam und kontinuierlich. Wir sind länger satt. Müssen nicht alle zwei Stunden essen. Hinzu kommt: Solange Insulin im Blut schwimmt, bleibt das Fett in den Fettzellen eingesperrt. Insulin stoppt die Lipolyse, sagt der Biochemiker, stoppt also den Fettabbau. Das ist bei uns mitunter den ganzen Tag der Fall, vom Morgentoast über das Abendbrot bis zum Betthupferl. Kommt ständig Zuckernachschub, kann kein Fett abgebaut werden. Zucker = Insulin = Fett.

GLYX ist eine Zahl ...

GLYX ist eine moderne Kalorie sozusagen. Der glykämische Index (GLYX) besagt, wie schnell der Blutzucker ansteigt und wie viel vom (Fett-)Speicher- und Heißhungerhormon Insulin ein Lebensmittel dadurch lockt. Das haben australische Forscher im Blut von Testpersonen gemessen. Und Lebensmittel sowie Getränke von Apfel bis Zitronensaft mit einer Zahl von 1 bis 110 belegt.

Bis 55 hält das Lebensmittel schlank. Der Blutzucker steigt nur langsam an. Das hält satt. Und lockt wenig Insulin. Dazu zählen Geflügel, Fisch, Fleisch, Tofu, Lupinenschnitzel, naturbelassene Milchprodukte, Eier, Nüsse, das meiste Gemüse, saures Obst, Zitrusfrüchte, Äpfel, Bitterschokolade, Akazienhonig.

Mittelgewichte findet man von 55 bis 70. Davon sollte man nur eine kleinere Portion essen: z. B. Bananen, Exoten, Pellkartoffeln, Nudeln, Reis.

Lebensmittel über 70 machen dick. Wie Weizenbrot, Bier, Softdrinks, Cornflakes, Süßes, Kuchen, Kekse, jegliches Junk-Food – na ja, wer hätte das gedacht, so typische Diät-Lieblinge wie Reiswaffeln, Knäckebrot und Wassermelone …

Schnurstracks der Ampel nach

Das Ganze ist in ein einfaches Ampelsystem verpackt. Grün: satt essen. Gelb: kleine Portion. Rot: drüber nachdenken – und in winziger Portion genießen. Eine Tabelle finden Sie in der Klappe hinten. Ach ja, da auch Fett und Eiweiß eine Rolle spielen, ob das Lebensmittel uns schlank und gesund macht oder dick und krank, wird auch das in der Bewertung mit berücksichtigt.

Essend statt darbend

Die allerwichtigste glyx-Regel lautet: Man muss essen, um abzunehmen. Nicht hungern und Kalorien zählen. In einer Woche können wir nämlich locker ein Kilo Muskeln weghungern. Und fehlt nur ein wichtiger Nährstoff, drosselt der Körper den Stoffwechsel. Wir verbrennen weniger Kalorien. Auch nach der Diät. Die Pfunde kommen schneller wieder, als wir sie losgeworden sind. Heißt Jo-Jo-Effekt. Heute wissen wir, was langfristig Abnehmerfolg garantiert (u.a. durch die größte weltweit angelegte Diät-Studie »Diogenes«):

❖ 1,5–2 Gramm Eiweiß pro Kilogramm Körpergewicht täglich (Geflügel, Fisch, Ei, Milchprodukte, Tofu, Nüsse und Samen, Hülsenfrüchte).

❖ Glyxniedrig: eine kleinere Portion Beilage mit niedrigem glykämischem Index (Vollkornbrot, Naturreis, Pasta al dente), nicht mehr als 2 Portionen glyxniedriges Obst (Äpfel, Beeren, Zitrusfrüchte, Pfirsich, Nektarine), nur ganz wenig Süßes und industriell Verarbeitetes. Und keine Softdrinks.

❖ Mehr pflanzliche als tierische Fette (Ausnahme Fisch!). Gut sind Olivenöl, Nussöle, Hanföl, Leinöl, Arganöl und ab und zu Rapsöl zum Erhitzen.

❖ Viele Ballaststoffe aus Gemüse. Mindestens 3 Portionen pro Tag verlängern auch das Leben.

❖ Dazu eine gute Portion Bewegung – und die Kunst, sich entspannen zu können. Wunderbar, wenn das Ganze verpackt ist, in eine lebbare Philosophie – mit leckeren Rezepten.

Was Wissen schafft

Kalorien-Training

Verbote machen dick, denn die Praline, an die man ständig denkt, isst man auch. Das schlechte Gewissen nach der Praline führt dazu, dass man die ganze Schachtel isst. Und das lässt einen die Diät abbrechen. Dumm. Denn jede kleine oder größere Diät-Sünde darf man als Kalorien-Training ansehen. Die Natur liebt Abwechslung. Und diese hält unseren Stoffwechsel fit. Wer immer dasselbe tut, abends zum Beispiel die Kohlenhydrate weglässt, um abzunehmen, leiert die natürlichen Funktionen aus. Der Körper gewöhnt sich dran, es wirkt nicht mehr. So schraubt auch, wer ständig Diät hält, den Stoffwechsel runter. Wer ab und zu gekonnt sündigt, tut das nicht. Für den ist weder das 7-Gänge-Menü noch das Croissant eine Katastrophe. Alles kann mit der nächsten Mahlzeit ausgeglichen werden – mit einer Gemüsesuppe, mit Antipasti, Eiern im Glas oder einem Salat. Sogar den Fast-Food-Schlampertag darf man als Kalorien-Training ansehen. Den kriegt man mit einem Gemüsesuppentag wieder in den Griff. Ein Gemüsesuppentag macht ihn so gut wie ungeschehen.

Schlank nebenbei

Die 10 simple-glyx-Gebote

1. Minimiere Zucker, Weißmehl und Süßstoffe – auch in Getränken.

2. Meide Fertigprodukte – das heißt alles, auf dessen Zutatenliste mehr als vier Dinge stehen. Es sei denn, es handelt sich um eine bunte Gemüsemischung aus der Tiefkühltruhe. Auch erlaubt: Tomaten, Linsen, Bohnenkerne aus der Dose.

3. Stecke mindestens 10 Minuten Zeit in das, was du isst.

4. Iss nichts, was du dir nicht aus mindestens drei Naturprodukten selbst zubereitest, und ...

5. ... eine Zutat sollte Obst oder Gemüse sein.

6. Höre auf deinen Körper – mag er es lieber warm oder kalt, roh oder gekocht, jetzt gleich oder später?

7. Genieße die Vielfalt, die die Natur bietet. So frisch wie möglich.

8. Schenke deinem Körper nach dem Essen 4–5 Stunden Zeit zum Verdauen – ohne Nachschub, es sei denn ...

9. ... du hast Hunger. Dann genieße einen Snack, der den Fettabbau nicht bremst. Einen Joghurt, einen kleinen sauren Apfel, Gemüse, ein paar Nüsse ...

10. Halte dich niemals zu 100 Prozent an Regeln – 80 Prozent tun's auch. Das entstresst und hält schlank.

Guten Appetit!

Clever genießen ...

Essen bedeutet nicht nur Kalorien, ist nicht nur Treibstoff, essen ist Leben. Jeder einzelne Nährstoff, egal ob groß oder klein, hat eine Funktion im Körper. Clever genießend, beeinflusst man seinen Stoffwechsel so, dass Abnehmen ganz einfach ist. Denn all das, was auf unserem Teller liegt, sorgt für eine biochemische Reaktion: Schokoquark macht über Botenstoffe fröhliche Gefühle, Olivenöl lockt Schlankhormone, Fisch oder Geflügel aktiviert fettabbauende Enzyme, Bitterschokolade vertreibt Trägheit. Nüsse, Leinöl, Brokkoli und Biokäse drosseln schwelende Entzündungen im Körper, die träge, depressiv und dick machen. Auch das steckt hinter simple glyx. Bunt essen, was die Natur anrichtet. Medizin pur.

... dabei immer satt sein

Wer hungert, weckt Spar-Gene, die dafür sorgen, dass wir Notzeiten überleben können. Der Körper drosselt den Stoffwechsel runter, wir verbrennen mit jeder Hungerkur immer weniger Kalorien. Heute weiß man: Wer mit seiner täglichen Kalorienzufuhr unter den Grundumsatz geht (pi mal Daumen Körpergewicht in Kilogramm x 24) rutscht ins Jo-Jo-Land. Also ich würde künftig keine 800-Kalorien-Diät mehr machen.

Es gibt Lebensmittel, von denen man ganz viel essen darf, weil sie den Magen füllen, so schon mal satt machen – und natürliche Fatburner sind. Das heißt mit ihren Inhaltsstoffen (Eiweiß, essenzielle Fettsäuren, Biostoffe der Pflanzen, Vitamine, Mineralien) den Stoffwechsel anregen, die Fettverbrennung verbessern und die Trägheit vertreiben. Sie haben in der simple-glyx-Ampel einen grünen Smiley (Tabelle in der Klappe hinten) und versorgen uns mit nährstoffangereicherter Energie, die nicht dick macht. Sie wissen: Da gehört Gemüse dazu. Vor allem das Gemüse, das über der Erde wächst. Blattgemüse, Kohlgemüse, Fruchtgemüse ... Was unter der Erde wächst enthält viel Stärke, die Kartoffel, die Rübe. Fisch gehört ebenfalls zu den natürlichen Fatburnern, genauso wie die in der Tabelle grün bewerteten pflanzlichen Öle. Auch das: mageres weißes Fleisch. Naturbelassene Milchprodukte wie Joghurt, Kefir, Dickmilch ... Saures Obst, alte Sorten.

Selber kochen!

Dick macht: Fast Food. Ständig in die Heißhungerfalle Kohlenhydrate tappen. Zu wenig vom natürlichen Fettverbrenner Eiweiß. Ein Mangel an Nährstoffen, der uns an den Kühlschrank treibt. Ja, sogar: zu wenig Kalorien. Weil der Körper dann den Stoffwechsel drosselt. Was macht schlank? Selber kochen! In den Ländern, wo am meisten selbst gekocht wird, sind die wenigsten Menschen dick. Kein Wunder. Wer würde schon freiwillig 12 Würfel Zucker in seine Tomatensauce rühren. Oder 30 Gramm Zucker in ein Glas Eistee … Wer sein Essen selbst salzt, zuckert und mit Öl verfeinert, tut das auf eine äußerst gesunde, angenehme, schlankerhaltende Art und Weise. Ganz automatisch. Darum bräuchte es eigentlich nur eine einzige Regel, und wir hätten keine Probleme mehr mit Übergewicht: Du kannst so viel Junk-Food essen wie du willst, du musst es nur selbst zubereiten. Warum nicht in Form unserer Rezepte ab Seite 24. Da steckt alles drin. Liebe und Gesundheit. Und: Schlankmedizin.

Das Baukastensystem

Sie sind geschmäcklerisch? Ich auch. Darum möchte ich wählen können. Täglich. Im Rezeptteil ist für jeden was dabei: modern urban, mediterran, asiatisch, landlustig, süß. Man pickt sich aus einem großen Fundus individuell die Rezepte heraus, die dem eigenen Zeitbudget entsprechen, die einem schmecken und guttun. Ersetzt, was man nicht verträgt. Und natürlich machen wir auch Vorschläge für Vegetarier, Veganer, Zeitlose und Familien.
No Carb beim Rezept heißt: Es enthält unter 5 g Kohlenhydrate. Oder: bis zu 10 g, auch mal 15 g Kohlenhydrate, wenn sie hauptsächlich aus Gemüse stammen und zum Großteil Ballaststoffe sind.

Und wie viel kann man abnehmen?

Das kommt natürlich auf die Ausgangssituation an. Wenn jemand viel zu viel auf den Hüften hat, dann schafft er in einer Woche schon fünf Kilo. Da ist aber auch viel Wasser dabei. Darum spreche ich immer von reinen Fett-Kilos. Ein Fett-Kilo hat 7000 kcal. Und wenn man nun theoretisch 500 kcal pro Tag einspart und 500 kcal in den Muskeln verbrennt, dann schafft man 1 Fett-Kilo die Woche, ohne zu hungern. Das sind 4 im Monat, 24 in einem halben Jahr. Allerdings sollte man gar keine Kalorien zählen. Studien zeigen: Das macht nur dick. Und Kalorie ist ja auch nicht Kalorie, während die Fisch- oder Tofu-Kalorie schlank macht, macht die Butterbrot-Kalorie dick. Sie kombiniert glyxhoch mit Fett – und das kann man sich gedanklich gleich auf die Hüften kleben. Mehr lesen Sie auf den folgenden Seiten.

Freilich nicht ohne Entspannung und Sport

Richtig essen ist prima, nur langt es leider nicht. Man muss das Fett verbrennen. Das geht nur im Muskel – während des täglichen Ausdauertrainings. 30 Minuten in den Laufschuhen oder auf dem Fahrrad oder Trampolin. Dazu 1 Stunde cleveres Muskeltraining die Woche. Im Fitnessstudio – oder zu Hause. Im Bruderbuch »Die Erfolgsdiät simple glyx« finden Sie meinen Yogix. Ein kleines Programm, das Muskeltraining, Dehnen, Energiemedizin und Entspannung kombiniert. Denn wer langfristig abnehmen möchte, muss sich auch entspannen können. Stress ist der Dickmacher Nr. 1.

Simple glyx ist kochen mit frischen Biozutaten.

Blick über den glyx-Tellerrand

Die Kohlenhydrat-Formel

Was brauchen wir, um mit Genuss abzunehmen? Unser Gehirn futtert in der Regel Kohlenhydrate, und die machen uns gute Laune. 120 g brauchen wir am Tag. Sie begegnen uns in Form von Zucker, Brot, Früchten, Nudeln, Kartoffeln. Für Abnehmer die wichtigste Information: Kohlenhydrate machen uns glücklich. Doch zu viele Kohlenhydrate stoppen die Fettverbrennung. Über den Insulinhaushalt. Man braucht insulinfreie Fastenphasen, um Fett abbauen zu können. Und simple glyx heißt: So lange wie möglich im Fettverbrennungsmodus bleiben – genießend, satt und gesund.

Warum machen Kohlenhydrate Probleme?

Erst vor 8000 Jahren hat sich der Mensch am Acker niedergelassen und Beilagen angebaut: Knödel, Kartoffeln, Nudeln, Reis, Brot, Kuchen. Wir konnten für die Menge an Kohlenhydraten, die wir heute zu uns nehmen, so schnell kein genetisches Programm entwickeln. Die Menge macht uns ständig Hunger auf mehr. Experten sprechen von Kohlenhydratmast. Denn Kartoffeln, Getreide, Kürbis & Co. zerfallen im Mund schon in kleine Zuckermoleküle. Und die machen dick. Nach der simplen Formel: Zucker = Insulin = Fett (siehe S. 10).

Und Insulin bremst zudem noch die wichtigsten Anti-Aging-Hormone aus: Testosteron, das Hormon, das für innere Dynamik und Power sorgt. Und das Wachstumshormon STH, das Fett abbaut, Muskeln aufbaut, die Haut strafft und Falten wegzaubert, den Geist jung hält. Solange Insulin im Blut regiert, haben diese Powerhormone keine Chance – durch Fast Food, Weißmehl, Fertigprodukte, süße Getränke, Kekse, Riegel & Co. oft den ganzen Tag. Das macht uns traurig, müde, lustlos, krank.

Müssen wir deshalb ganz auf Kohlenhydrate verzichten – leben ohne Pasta, ohne Eis, ohne Brot? Nö. Das wäre schrecklich. Klar: Kohlenhydrate stoppen die Fettverbrennung. Keiner muss die Wurst ohne Brot essen. Man kann Nudeln, Brot, Reis & Co. nämlich clever aufgabeln.

1 Wir essen Kohlenhydrate
2 Der Blutzucker steigt
3 Die Bauchspeicheldrüse schüttet Insulin aus
4 Insulin befördert Zucker in die Zellen
5 Blutzucker sinkt
6 Heißhunger kommt

Was Wissen schafft

Kleine Schlankmengenlehre

Das beeinflusst den Blutzucker nicht:

❖ **Brot:** 40 g Vollkorn-Baguette, Pumpernickel oder GLYX-Müsli, 50 g Roggen-Sauerteigbrot (ideal Schrot), 65 g Eiweißbrot

❖ **Getreidebeilagen:** 40 g Dinkel wie Reis (Vollwertprodukt), roh (100 g gegart), 45 g Amaranth, roh (135 g gegart)

❖ 45 g Quinoa, roh (135 g gegart)

❖ **Reis:** 40 g Basmati-Vollkornreis, roh (100 g gegart), 40 g Naturreis, roh (100 g gegart), 40 g Naturreis mit Wildreis gemischt, roh (100 g gegart)

❖ **Teigwaren:** 40 g Glasnudeln aus Mungobohnen, roh (120 g gegart), 40 g Pasta (Hartweizen), roh, al dente gegart (100 g gegart), 50 g Pasta Integrale, roh, al dente gegart (125 g gegart), 50 g Dinkel-Vollkornudeln, roh (125 g gegart), 50 g Sojanudeln, roh (125 g gegart)

❖ **Kartoffeln:** 100 g Pellkartoffeln, 100 g Kartoffelpüree, mit Milch, selbst gemacht

❖ **Sonstiges:** 150 g Pastinaken, 500 g Topinambur, 120 g Süßkartoffeln

Kohlenhydrate darf man clever genießen

Einfach grün wählen (Tabelle in der Klappe). Grün lockt kaum Insulin. Oder: Rot in kleiner Dosis genießen. Siehe Mengenlehre oben. Oder: simpel runterglyxen. Zum kleinen Stück Baguette (rot) die große Schüssel Salat (grün) essen. Zur süßen Mango (gelb) die Beeren im Smoothie kombinieren. Und wer wirklich mal Lust hat auf einen riesigen Berg Kohlenhydrate, darf sich die ruhig gönnen. Die Fettzellen rümpfen die Nase, wenn das Ganze mit einem GLYX um die 55 ankommt – also wenig verarbeitet ist – und ohne tierische Fette serviert wird. Davon darf man dann auch ruhig Mal eine All-you-can-eat-Portion essen. Zum Beispiel: Penne mit Spargel und Garnelen, Pasta arrabiata, Mangold-Dinkel-Wok, Kartoffeln (festkochend, z. B. Adora) mit Quark und Kräutern, Amaranth-Auflauf oder Quinoa-Pancake, Auberginen-Curry. Erhöhen Sie einfach die Kohlenhydrat-Portion in unseren Rezepten. Sie sehen: Auch die Mischung macht es.

Übrigens: Hat man 2 Stunden nach dem Frühstück oder Mittagessen Heißhunger, war der GLYX zu hoch. Man merkt schnell, dass das Marmeladenbrot, die Cornflakes, das Fertig-Müsli anders wirken als ein simple-glyx-Frühstück oder ein Smoothie. Der Blutzucker ist rasch wieder unten, man wird müde, unkonzentriert, nervös und heißhungrig. Dann ruft der Schokoriegel, lockt das belegte Brötchen ... Und die Insulinmoleküle schwärmen wieder aus ... Diesen Kreislauf kann man unterbrechen, mit einem 5-Carbs-erlaubt-Snack aus der Liste auf Seite 29. Oder mit einem unserer Snacks ab Seite 52.

Zucker kombiniert mit Fett macht süchtig

Wenn wir Fett oder Zucker essen, steigt kurz der Spiegel der beiden Glücksbringer Serotonin und Endorphin an. Da uns aber weder reines Fett (Butter ohne Brot) noch purer Zucker wirklich schmecken, macht uns jeder für sich allein nicht süchtig. In Studien stellte man fest: Mixt man Fett und Zucker im Verhältnis 40 : 60, entwickelt sich ein gigantisches Lustgefühl, das uns dazu bringt, mehr zu essen, als wir brauchen. 40 : 60. So steckt das im Keks, in Chips, im Pudding, im Riegel, im Cheeseburger, in der Pizza, im Wurstbrot und in den meisten Fertigprodukten. Das Sättigungsgefühl wird ausgehebelt. Man mag satt sein, das Gehirn möchte aber trotzdem mehr, man ist süchtig. Aus dieser Falle kommt man wieder raus. Mit simple glyx.

Warum macht es schlank, wenn man abends die Kohlenhydrate weglässt?

Das wirkt wie Dinner-Canceling. Wenn man abends Brot, Nudeln, Kartoffeln oder Reis weglässt und nur Fisch, Geflügel, Käse, Tofu oder Ei mit Gemüse isst, sprich No Carb isst, führt das zu einer langen insulinfreien Fastenphase in der Nacht. Die fettabbauenden Enzyme namens Lipasen können die ganze Nacht aktiv sein, Fettsäuren aus der Hüfte freisetzen. Und auch das Wachstumshormon (STH) verrichtet seine verjüngende Arbeit, baut Fett ab und Muskeln auf. Wichtig: Das sollte man nicht jeden Tag machen, weil der Körper sich daran gewöhnt. Der Effekt abnimmt. Dreimal die Woche ist genug. Und menschlich! Wer will, kann dann noch dreimal morgens die Kohlenhydrate weglassen. Das wirkt fast genauso gut. Die Rezepte sind mit No Carb gekennzeichnet.

Bitte beachten: Freilich dürfen Sie zur No-Carb-Mahlzeit auch keinen Fruchtsaft trinken – und natürlich kein Bier! Auch das Dessert passt leider überhaupt nicht auf den No-Carb-Plan.

Wie süße ich à la simple glyx?

Süßen Sie mit Natur: Geben Sie ½ Banane in den Smoothie, probieren Sie mal Kokosblütenzucker, süßen Sie den Joghurt mit 1 Löffelchen Honig, Agavendicksaft (blaue), Ahornsirup, Apfel- oder Birnendicksaft. Wer will, kann auch mal den sündteuren Xylit-Stoff namens Birkenzucker (bitte bio!) ausprobieren, süßt wie Zucker, hat aber einen niedrigen GLYX von 7 – der Verbrauch limitiert sich durch den Preis. Fruchtzucker darf man mal wie weißen Zucker verwenden. Kontrolliert, löffelchenweise. Und Süßstoffe? Stevia. Am besten die grünen Blätter (Bioladen oder Reformhaus). Immer kombiniert mit etwas echt Süßem, wie Früchten, Rohrohrzucker, Honig ... So bringt das süße Honigblatt ohne Kalorien das natürliche biochemische Gefüge unseres Körpers nicht durcheinander. Ab und zu darf man auch mal das flüssige Stevia einsetzen, wie in unseren Desserts. Auch hier gilt – simple glyx heißt: Genießen Sie das Essen, genießen Sie das Leben. Und dazu gehört auch »süß« in ungefährlichen Dosen.

Die Fett-Formel

Wir brauchen Fett. Nicht für unsere 40 Milliarden Fettzellen. Aber für die restlichen 70 Billionen Zellen. Fettsäuren in den Zellwänden halten jede Zelle jung, geschmeidig und funktionstüchtig. Das Gehirn besteht sogar zu 60 Prozent aus Fett, zum Großteil aus glücklich machendem Omega-3-Fett.

Welche Fette machen schlank?

Ungesättigte Fettsäuren aus Nüssen, Samen und Fisch locken gute Eicosanoide, Gewebehormone, die den ganzen Menschen auf gesund trimmen. Sie normalisieren das Appetithormon Leptin und stimulieren Hormone und Enzyme, die den Fettstoffwechsel anregen. Und: Sie senken den Insulinspiegel, erhöhen die Thermogenese, sorgen also dafür, dass Kalorien als Wärme über die Haut verpuffen. So ein Fett kann nicht dick machen.

Gesunde Fit-Fette – Oliven-, Nuss-, Kokos- und Leinöl.

Was soll man auf den Salat tun?

Gute kalt gepresste Öle wie Olivenöl (nativ extra), Nussöle, Hanf-, Arganöl kann man genießen, so viel man will. Ein Muss für die Gesundheit: täglich 2 Teelöffel Leinöl. Lecker: auch mal 1 Löffel Kürbiskernöl. Sparsam sein mit Weizenkeimöl, Maiskeimöl, Sojaöl, Sonnenblumenöl. Ihre Omega-6-Fettsäuren verdrängen die guten gesunden Omega-3-Fettsäuren und schüren so Entzündungen im Körper.

Was passt in die Pfanne?

Zum Braten nimmt man Olivenöl (nativ extra) oder Rapsöl. Da beide Öle reichlich einfach ungesättigtes Fett liefern, kann man sie gut erhitzen. Nur: Rauchen sollte es nicht. Gut zur Abwechslung – allerdings nicht viel: das gerade so trendige Kokosöl. Das gilt auch für Erdnussöl. Butter darf ruhig auch mal in die Pfanne – in kleinen Mengen. Nicht arg erhitzen.

Wie viel tierisches Fett ist erlaubt?

Fetten Seefisch brauchen Sie zweimal die Woche. Omega-3-Fettsäuren entstressen, machen fröhlich und halten den ganzen Körper gesund. Lachs, Sardellen, Sardinen, Hering, Makrelen, weißer Thunfisch ... Auch Forelle und Rotbarsch enthalten Omega-3-Fettsäuren. Andere tierische Fette sind nicht ganz so ungesund, wie bisher geglaubt. Sie enthalten nämlich die konjugierte Verwandte der Linolsäure, CLA genannt. Studien zeigen: CLA schützt vor Krebs, bremst Heißhunger und hilft sogar beim Abnehmen. CLA-Fette stecken in Butter, Milch, Milchprodukten, Lamm, Rind, Kalb. Allerdings nur, wenn das Tier nicht mit Getreide gemästet wurde – sondern viel Gras fraß. Bio eben. Was die Wurst und den Braten betrifft, sollte man sich mäßigen – nur sonntags, einmal im Monat.

Warum keine Magermilch?

Für den Körper ist »light« immer unnatürlich. Für Kalorienreduziertes haben wir kein genetisches Programm. Lust auf einen sahnigen Brie kann man nicht mit Brie légère stillen. Da isst man erst die doppelte Menge Brie légère – und dann den sahnigen noch obendrauf. Auch Milch und Joghurt lieber mit natürlichem Fettgehalt (3,5 Prozent), so wenig behandelt wie möglich wählen. Am besten Rohmilch (Vorzugsmilch). Dann stammt die Milch auch nur von einem Bauern. Und wird auch von Allergikern viel besser vertragen. Von fettarmen Käsesorten – bis zu 40 Prozent Fett i. Tr. kann man eine größere Portion essen, vom 60-Prozenter eine kleine Portion auf 1 Scheibe Kohlrabi statt auf Baguette genießen.

Warum sind Transfettsäuren so gefährlich?

Gesättigte und gehärtete Fette in Fertigprodukten, Butter- und Schweineschmalz, Rindertalg und Palmöl schädigen die Blutgefäße und lassen sich unschön auf den Hüften nieder. Sie fördern über Transfettsäuren Entzündungen im Körper, die krank machen, Heißhunger auslösen und den Energiestoffwechsel ausbremsen. Alles meiden, auf dessen Etikett »gehärtete Fette« steht!

Die Eiweiß-Formel

Heute weiß man: Keine Diät funktioniert ohne genügend Eiweiß. Erhöht man sein tägliches Protein (für Zahlenfreaks: auf bis zu 30 Prozent), verliert man das gefährliche Bauchfett (viszerales Fett) und verbessert sowohl den Fett- als auch den Zuckerstoffwechsel. Eiweiß auf dem Teller sorgt dafür, dass die Kohlenhydrate den Blutzucker nicht so stark ansteigen lassen. Zwar lockt Eiweiß auch Insulin, aber gerade nur so viel, wie zu seiner Verarbeitung in Muskeln, Haut, Immunsystem dringend notwendig ist. Darum sollte man zu jeder Mahlzeit auch wirklich seine Portion Eiweiß essen: Eiweiß macht Muskeln. Eiweiß macht satt. Eiweiß lockt Schlankhormone. Eiweiß ist ein Fatburner. Und das weiß man erst seit Kurzem: Eiweiß macht schlanke Darmbakterien. Eiweiß sorgt für eine ausbalancierte Darmpopulation, die den ganzen Menschen schlank und gesund hält.

Was mache ich, wenn ich nicht an genug Eiweiß komme?

An ein, zwei Tagen macht das nichts aus. Das ist sogar ab und an ein willkommenes Eiweißtraining. Sorgt dafür, dass man danach das Eiweiß besser in Körpereiweiß verwandelt, in Muskeln, Immunsystem. Unter Eiweißmangel über mehrere Tage hinweg greift der Körper seine Muskeln und Vorräte an – und drosselt den Stoffwechsel. Wer abnehmen will, braucht einfach genügend Eiweiß. 1,5 Gramm pro Kilogramm Körpergewicht. Noch besser sind 2 Gramm. Zu jeder Mahlzeit 30–40 Gramm. Diese Menge sorgt für Muskeln, Energie, Gesundheit, gute Laune. Kombinieren Sie Geflügel, Fisch, mageres Fleisch, Ei und Milchprodukte mit pflanzlichen Eiweißquellen: Kohlgemüse, Vollkorn, Hülsenfrüchte. Soja und Lupine sorgen für Abwechslung. Die Eiweißportion unserer Rezepte dürfen Sie auch getrost aufstocken. Das ist sogar wichtig, wenn Sie viel wiegen und viel Hunger haben. Ganz einfach macht es ein zusätzlicher Löffel Eiweißpulver ohne Kohlenhydrate, wenn Sie nicht auf Ihre Eiweißformel kommen.

Braucht man ein Eiweißpräparat?

Nur dann, wenn Sie mit guter Küche nicht auf Ihren Eiweißbedarf kommen. Wählen Sie ein gutes Eiweißkonzentrat. Mit hoher biologischer Wertigkeit und so

Schlank-und-Genuss-Garantie: 1-2-3-Formel

gut wie kohlenhydratfrei. Ohne Süß- und Aromastoffe. Teurer als Soja, sehr hochwertig, nicht genmanipuliert und einheimisch: die Erbse als Grundlage für ein Eiweißpulver. Kombiniert mit Milcheiweiß oder Hafereiweiß (vegan) liefert die Erbse ein gutes Aminosäureprofil. Oder: Aminosäure-Tabletten, die alle acht essenziellen Aminosäuren enthalten – wenn mal kein Eiweiß auf dem Teller liegt, kann man die dazu essen (gute Präparate bekommt man in der Apotheke oder unter www.fidolino.com).

Welche Alternativen haben Veggies?

Auch Vegetarier und Veganer kommen an ihr Eiweiß. Ein Elefant wiegt 5000 Kilo – und brät sich auch kein Steak. Gute Lieferanten: Soja- und Tofu-Produkte, Nüsse – pur, als Nussmilch und -mus; Hülsenfrüchte wie Erbsen, Lupinenprodukte, Bohnen, Linsen; Samen wie Sonnenblumenkerne, Sesam- oder Leinsamen; Sprossen wie Alfalfa- oder Bambussprossen; Getreide wie Quinoa, Amaranth, Dinkel, Hafer; Pilze, Algen. Unter unseren Rezepten steht immer eine Veggie-Alternative.

1-2-3-Formel

Sie werden nicht satt? Nach der 1-2-3-Formel macht gar nichts dick. Denken Sie sich einen Teller in 6 Teilen, und den füllen Sie folgendermaßen: Vom stärkearmen Gemüse und Vitalstofflieferanten (Oliven- oder Nussöle, Nüsse, Samen) füllen Sie 3 Teile auf – davon essen Sie so viel Sie können. Vom Eiweiß (Geflügel, Fisch, Ei, Hülsenfrüchte, Milchprodukte, Tofu, Lupine) füllen Sie gedanklich 2 Teile auf den Teller. Sie essen so viel, wie Sie mögen. Von der Kohlenhydratbeilage (Reis, Nudeln, Kartoffeln, Brot) gibt es ein Genuss-Portiönchen, 1 Teil auf dem Teller. Die Beilagen-Portionen in den Rezepten ab Seite 56 haben wir so berechnet, dass ihr Kohlenhydratanteil den Blutzucker in Grenzen hält, kaum Insulin lockt. Wer nicht satt wird, erhöht den Gemüseanteil und den Eiweißanteil, die Kohlenhydrat-Portion bleibt allerdings klein.

Simple-glyx-Quellen

Viel trinken ist Schlankmedizin. Trinken verändert den Insulinspiegel positiv – und kurbelt den Stoffwechsel an. Ideal: Wasser. 2–3 Liter stilles Wasser täglich. Abgekocht nimmt es Gifte leichter auf, schon weil weniger Kalk drin ist. Wasser 10 Minuten lang abkochen, aus der Thermoskanne über den Tag verteilt warm trinken. Das lässt sich übrigens noch leichter trinken als stilles Wasser. Man trinkt automatisch mehr. Funktioniert noch besser, wenn man ein paar Ingwerscheiben mitkocht. Natürlich darf man auch Tee reintun. Das erste Glas trinkt man übrigens noch vor dem Aufstehen – wartet, am besten mit einer netten Atemübung, bis einen der gastrocholische Reflex aus dem Bett holt. Heißt, man muss mal. Wie oft trinken? Neuerdings raten Experten dazu, so zu trinken, wie die Kinder. Also viel, wenn der Durst kommt. Bis man so weit ist, den Körper wahrnimmt und den Durst wieder spürt, umgibt man sich mit vielen Trink-mich-Karaffen.

Softdrinks

Für simple glyx gilt: »Soft« so selten wie Schnaps. Der Leber ist es nämlich wurscht, ob Schnaps oder Limo. Beides macht sie fett. Auch in der Zero- oder Light-Version. Die bringen unsere fein justierten biochemischen Abläufe im Körper aus dem Gleichgewicht. Verkleben unsere internen Kalorienzähler und Sattmacher. Also merken: »light« provoziert Heißhunger. »Mit Zucker« stoppt den Fettabbau. Viele nehmen schon alleine dadurch ab, dass sie Energie-Drinks, Eistee, Vitamin-Wässer, Limo, Cola, Fruchtsäfte und Bier einfach weglassen. Gilt leider auch für die Apfelsaftschorle.

Darf es Alkohol sein?

Der Leber ist es auch egal, ob man Cola oder Bier trinkt. Bier macht Bauch. Ist glyxhoch, lockt Insulin. Zu viele Promille blockieren die Fettverbrennung. Aber: Wer gesund isst, muss nicht in Askese leben. Ein Gläschen trockener Wein oder Sekt ist Genuss – und glyxniedrig.

Kaffee & Fatburner-Shakes?

Sein Koffein fördert die Fettverbrennung. 2–3 Tassen täglich kann man fröhlich genießen. Auch mit Milch. Auch mal mit 1 Löffelchen Rohrohr- oder Birkenzucker, für den, der's will.

Fatburner-Shakes: Einfach Joghurt, Kefir, Soja- oder Buttermilch mit frischen Früchten oder TK-Beeren pürieren und genießen. Allerdings sind das kleine Mahlzeiten und keine Durstlöscher.

Simple lecker

Marionade: Den Saft von 1 Zitrone auspressen und mit ein paar Stängeln Minze in einen Krug mit frischem, stillem Wasser geben. Kann man auch in heißes Wasser tun.

Chia Fresca: Der Super-gesund-Sattmacher-Drink: 2 EL Chiasamengel (Rezept Seite 107) mit 250 ml Leitungswasser und dem Saft von 1 Limette verrühren. Eisgekühlt genießen. Wer will, darf ein wenig, mit Kokosblütenzucker oder Stevia süßen.

Hält jung: Stündlich Wasser oder Marionade trinken.

Vitamin-Wasser: Gurke und 1 Zitrone (Schalen unbehandelt) in dünne Scheiben schneiden und in einem Krug mit Wasser über Nacht ziehen lassen. Dann mit Eiswürfeln auffüllen.

simple **glyx** praxis

Eine kleine Gebrauchsanleitung: Wie sieht ein simple-glyx-Tag aus?

1 Starten Sie in den Tag mit einem **grünen Smoothie** ab Seite 30. Der sorgt dafür, dass der Körper schon morgens spürt: Ich krieg, was ich brauche.

2 Nun ist die beste Zeit, die nachts vom Wachstumshormon freigesetzten **Fettsäuren zu verbrennen**. Bewegen Sie sich 30 Minuten so, dass Ihnen die Luft nicht ausgeht, Sie sich aber richtig anstrengen. Verbrennen Sie das Fett auf dem Mini-Trampolin, in den Laufschuhen.

3 In diesen 45 Minuten nach dem Sport haben die **Muskeln Eiweißhunger**. Sie lagern das Eiweiß dreimal so schnell ein. Gute Zeit für unseren Fatburner-Drink – oder Eiweiß pur: etwas Quark, einen Shake, eine Tablette mit allen acht lebenswichtigen Aminosäuren (Apotheke).

4 Wer will, kann ganz normal **frühstücken**, zusätzlich zum grünen Smoothie, wenn er Ihnen nicht reicht.

5 **Trinken Sie täglich 2–3 Liter.** Ideal: stilles Wasser, idealer: abgekocht. Am idealsten mit Ingwerscheiben. Oder gesund aromatisiert mit Zitrone und Minze. Mehr dazu auf Seite 19.

6 Wenn Sie viel abnehmen müssen, lassen Sie im Wechsel wöchentlich **dreimal morgens** und **dreimal abends** die Kohlenhydrate weg, essen Sie die mit **No Carb** gekennzeichneten Gerichte. No Carb heißt: Es enthält unter 5 g Kohlenhydrate. Oder: Bis zu 10 g, auch mal 15 g Kohlenhydrate, wenn sie hauptsächlich aus Gemüse stammen und zum Großteil Ballaststoffe sind.

7 Zum Mitnehmen finden Sie **mobile Rezepte** so gekennzeichnet: »To Go«.

8 Die meisten Rezepte sind für 2 Personen ausgelegt. Wenn Sie für die Familie, Freunde oder Gäste mitkochen, einfach die Zutatenmengen multiplizieren. Frühstück gibt's meist für 1 Person, da jeder andere Vorlieben hat.

9 Wählen Sie je nach Gusto mittags oder abends Ihre **kalte oder warme** Mahlzeit. Einmal sollten Sie warm essen, das dimmt Heißhunger runter.

10 Machen Sie sich vor dem Essen eine **große Schüssel Salat**, mit der simple-glyx-Vinaigrette (siehe S. 108), von der Sie immer einen Vorrat haben. Olivenöl und Essig vor dem Essen machen schlank – ganz nebenbei. Oder essen Sie Antipasti (siehe S. 58) oder eine Gemüsesuppe (siehe S. 102).

11 Hungertypen essen zwischen den Mahlzeiten ein paar Nüsse, 1 Stück Käse –

oder einen unserer Snacks ab Seite 52, die kein Insulin locken. Nein, Obst sollten Sie nicht essen, höchstens ein paar Beeren oder einen kleinen sauren Apfel.

12 Wenn Sie ab und zu Lust auf ein **Dessert** haben, dann werden Sie ab Seite 124 fündig. Einfach an den Hauptgang anhängen.

13 Wenn Stress aufkommt, dann senken Sie den Stresshormon- und Blutzuckerspiegel mit dem Atem. Atmen Sie doppelt so lang aus wie ein: Einatmen : anhalten : ausatmen = 4 Sekunden : 4 Sekunden : 8 Sekunden. Fünf Runden.

14 Wichtig: Wenn Sie nicht auf Ihre Eiweißformel »1,5–2 Gramm pro Kilogramm Körpergewicht« kommen, dann ergänzen Sie selbstständig mit einem guten Eiweißkonzentrat oder Aminosäurenhydrolysat (siehe S. 141).

15 Sie bewegen und üben sich mit dem Yogix im Entspannen. Den Yogix finden Sie im Buch »Die Erfolgsdiät simple glyx.«

Glyx-Survival-Tipps

Sündenbüßer einfrieren

Wenn man Zeit hat, einen großen Topf Fatburner-Suppe (z. B. S. 66) kochen, portionsweise in Gefrierdosen oder -beutel füllen und einfrieren. Auftauen. Warm machen. In eine Thermoskanne füllen – und immer dabeihaben. Gleicht einen Schlampertag aus.

Notfall-Ausrüstung

Bei mir kann kommen, was mag und wer mag, ich kann immer blitzschnell eine leckere Pfanne aus dem Notvorrat im Tiefkühlfach zaubern. Dort warten lauter Beutel voller bunter Gemüsemischungen, Fischfilets, Hühnerschenkel, Entenbrust. Von den vakuumverpackten Produkten wie Tofu in allen Variationen, Lupinenfilet, Halloumi, Feta, Seitan kann man sich einen Vorrat in den Kühlschrank legen. Die halten sich unangebrochen mindestens 4 Wochen.

Bunte Zeitspar-Würfel

Pesto, gehackte Kräuter, Beerenmus ... in Eiswürfelbehältern einfrieren. So ist alles super portioniert. Und dann herausholen, wenn man's braucht.

Chiliöl

Das kann ich mir aus der simple-glyx-Küche einfach nicht wegdenken: die kleine rote Chilischote. Ich liebe sie. Sie regt den Fettstoffwechsel an – und macht uns über Endorphine glücklich. 500 ml Olivenöl in eine kleine Flasche füllen, 10 kleine rote, getrocknete Chilischoten dazugeben. Ein paar Tage ziehen lassen. Damit Saucen und Suppen würzen. Nichts macht schlanker als Chili. Toll ist auch Pulbiber, die milden bis scharfen Paprikaflocken, die in türkischen Restaurants wie bei uns das Salz auf dem Tisch stehen und zum Nachwürzen verwendet werden.

Ökokiste ordern

Bei mir kommt jeden Mittwoch die Ökokiste ins Büro. Mit Obst und Gemüse der Saison, Biokäse, Roggen-Schrotbrot, Dinkelnudeln, frischen Kräutern, Eiern vom glücklichen Huhn ... Versorgt uns viel arbeitende Mädels mit Gesundheit. Kommt nicht teurer als die Bioecke im Supermarkt. Erspart Einkaufsstress. Man kann telefonisch oder per Internet die Bestellung variieren. Einfach mal googeln: »Ökokiste« für einen Lieferanten in der Nähe.

Carpe diem
Wertschätzung

Kaum einer spricht heute noch ein Tischgebet, um seine Dankbarkeit für das Essen auszudrücken. Wie die Heuschrecken fallen wir über die Teller her, und in 5 Minuten ist alles weggefuttert, egal ob Tiefkühlpizza oder Sonntagsbraten, für den die Oma stundenlang in der Küche geschuftet hat. Schade eigentlich. Denn uns geht es soooo gut. Wir haben den Luxus, aus einer gigantischen Vielfalt an Lebensmitteln das Beste und Leckerste und Gesündeste aussuchen zu können. Das sollte man sich öfter mal wieder ins Bewusstsein rufen. Und dankbar dafür sein. Denn auch das gehört zum Abnehmen und zu einer gesunden Lebensweise. Dankbarkeit und Achtsamkeit. Wertschätzung für das Essen, das die Macht hat, uns alle gemeinsam an einen Tisch zu bringen.

Der Niedrigtemperatur-Braten

Wenn am Wochenende Gäste kommen, ich den Tag aber nicht in der Küche, sondern im Stall verbringen will, dann sagt Wolf: »Lass uns doch einen ›Topf‹ machen.« Gerne! In den gusseisernen Bräter kommen unten Zwiebeln, Knoblauch und Gemüse der Saison, Rosmarin, Meersalz, Pfefferkörner. Etwas Gemüsebrühe dazugießen, vielleicht noch ein Schlückchen Rotwein dazu. Darauf einen Lammbraten oder ein Huhn legen. Und das schiebe ich dann 6, 7 Stunden bei 60° in den Ofen. Gehe in den Pferdestall – und stelle abends den Topf auf den Tisch. Die Augen leuchten immer.

Simple-glyx-Panade

Zugegeben, ich möchte auch mal einen panierten Fisch. So ein Fischstäbchen-Kindheitsgefühl auf der Zunge. Normalerweise nimmt man Mehl, verquirltes Ei und Semmelbrösel zum Panieren. In der glyx-Küche darf man aber ruhig kreativ sein und experimentieren. Anstatt Vollkorn-Semmelbrösel feine Haferflocken nehmen, fein gemahlene Nüsse wie Hasel-, Wal- oder Erdnüsse, Mandeln, Kokosraspel oder Sesamsamen. Würzig wird's, wenn Sie die Hälfte der Brösel durch geriebenen Käse wie Parmesan oder Gouda ersetzen, durch gehackte Kräuter oder geriebenen Meerrettich.

Resteküche

Bleibt beim Kochen Gemüse übrig – genießen Sie es im Salat, als Rohkost mit Dip, im Smoothie, in der Wokpfanne. Oder Sie dörren es … Sie können auch gleich eine größere Portion kochen und am nächsten Tag essen – oder einfrieren. Oder: Ich warte mitunter, was sich über zwei Tage ansammelt, das kommt dann in einen Topf und ergibt ein wunderbares Kreativitäts-Süppchen. Für die Tiefkühltruhe. Und schlechtere Zeiten.

Steckt simple glyx in der Dose?

Essen aus Konserven ist ungesund. Stimmt für Ravioli, überzuckertes Dosenobst, Hühnerfrikassee. Stimmt nicht für Tomaten, Linsen, Kichererbsen, Kokosmilch, Bohnen, Sauerkraut. Tomaten aus der Dose enthalten sogar mehr von dem Krebsschutzstoff Lycopin als frische Tomaten. Und mit Hülsenfrüchten aus der Dose erspart man sich das lästige stundenlange Einweichen vor dem Kochen.

Vorkochen

Warum nicht gleich die doppelte Menge kochen? Die Hälfte einfrieren und rausholen, wenn es schnell gehen muss. Oder am Wochenende für die ganze Woche vorkochen. Spart Zeit beim Kochen, Vorbereiten und Abwaschen. Auch Salatdressing, Gemüsebrühe, Pesto, Antipasti kann man in größeren Mengen zubereiten und dann einige Tage im Kühlschrank aufbewahren.

Glück verschenken

Über was Selbstgemachtes aus der simple-glyx-Küche freut sich jeder. Egal, ob Marmelade, Eiweißbrot oder Relish. Hübsch verpackt und mit diesem Buch gebündelt – ein wunderbares Geschenk.

Hübsch verpackte glyx-Mitbringsel begeistern immer.

Simple glyx-
weil Leben
Genuss ist

Und genießen heißt: Landlust pur. Modern urban. Lecker mediterran. Pikant asiatisch. Total trendig. Ganz einfach. Es erwarten Sie
lauter Abenteuer für den Gaumen: vom Frühstücks-Lassi bis zum
Tomaten-Saltimbocca. Versprochen: simple glyx hat für jeden
etwas, für Globetrotter, Kinder und Gäste, Vegetarier und
Keine-Zeit-zum-Kochen-Menschen, Pasta- und Wok-Fans ...

Starten – Smoothen – Frühstücken

Wie kommt man gesund in den Tag, mit Genuss und ohne den Heißhunger zu wecken?

Es gibt drei Möglichkeiten, schlank und fit in den Tag zu starten: mit einem unserer Smoothies, mit einem simple-glyx-Frühstück – oder mit gar nichts. Heißt: Frühstücksmuffel sollten halt etwas dabeihaben, damit sie mit ihrem leeren Magen nicht beim Bäcker landen. Was? Einen Smoothie in der Thermoskanne oder eines unserer simple-glyx-Frühstücke in der Bento-Box.

Smoothen ist so simpel

Der Greenie: Beginnen Sie Ihren Tag mit einem grünen Smoothie, 30 Minuten vor dem Frühstück. Einfach eine Auswahl an Früchten und Blättern (1:1) grob zerkleinert in den Mixer geben und Wasser hinzufügen. Anschalten, fertig. 5 Minuten braucht die Energiemedizin für die ganze Familie – oder einen allein. So ein grüner Smoothie darf einen ruhig den ganzen Tag über begleiten. Egal, ob als Maikräuter-Smoothie oder als Papaya-Smoothie. Noch mehr grüne Ideen finden Sie ab Seite 30.

Bewährt: der Fatburner-Drink. Macht seit 15 Jahren Glyxler glücklich. Mit Beeren in Kombination mit Grapefruit, Eiweiß, Leinöl oder Chiasamen und Hefeflocken. Joghurt sorgt für gesunde Darmbakterien. Unseren Fatburner-Drink finden Sie auf Seite 34. Und dazu gibt's jede Menge leckere Brüderchen wie den Kiwi-Apfel-Smoothie oder Schoko-Kirsch-Smoothie (siehe S. 36 und 37).

Raus aus der Gewohnheitsfalle: Marmeladenbrot ade! Die glyxliche Alternative ist unser Eiweißbrot mit der Pfirsich-Marmelade auf Seite 38 und Tomaten-Hähnchen-Tartar auf Seite 46.

3 Simple -GLYX -Regeln

1. Simple-glyx-Frühstück: Wer glyxniedrig in den Tag startet, der stolpert nicht in die Insulin-Heißhungerfalle. Isst den ganzen Tag weniger. Man bleibt lange satt. Zum Beeren-Joghurt, Eiweißbrot mit Avocadocreme gibt's puren Kakao, Tee oder Kaffee, gerne auch mit Milch (Kuh-, Mandel- oder Sojamilch ...). Ohne chemischen Süßstoff. Wenn nötig, mit ein wenig Stevia oder Kokosblütenzucker oder mal mit 1 Löffelchen Rohrohrzucker.

2. No-Carb-Start: War das Abendessen üppiger, kann man die insulinfreie Fastenphase mit einem No-Carb-Frühstück ausdehnen – sie sind entsprechend gekennzeichnet. Nur einen Smoothie trinken, das Gemüse-Ei im Glas (siehe S. 48) ohne Brot essen. Und so kein Insulin locken. Weiter im Fettverbrennungsmodus bleiben. Funktioniert mit Lachs mit Dillgurken oder Krabben-Rührei.

3. Mixer: Zum Smoothen braucht man ein gutes Gerät. Anfänger kommen mit dem Pürierstab klar. Aber irgendwann gönnt sich der Gewohnheits-Smoother einen Hochleistungsmixer. 28000 Umdrehungen/Minute schlagen Kerne, Samen und Nüsse klein, spalten die Zellwände von Obst und Gemüse. Machen wertvolle Nährstoffe für den Körper schneller verfügbar und den Drink cremig.

Glyx-Bringer: Morgenmuffel-Pulver

Tipp für den Gute-Laune-Morgen-Cappuccino: Gewürze locken schon morgens Endorphine. Körpereigene Drogen, die gute Laune machen: Je 1 TL gemahlenen Kardamom, Piment, Zimt und Nelken mit 4 TL gemahlener Natur-Vanille (Reformhaus) und 4 Prisen frisch geriebener Muskatnuss gründlich mischen. In einem Glas verschließen. Morgens über den Milchschaum stäuben. Reguliert auch den Insulinspiegel runter.

Welcher Frühstücks-Typ sind Sie?

Der **Müsli-Typ** findet ein veganes Bircher-Himbeer-Müsli (siehe S. 44) oder ein weizenfreies Sommerfrucht-Quinoa (siehe S. 43) gut. Der **Früchte-Typ** fühlt sich wohl mit unseren Früchte-Smoothies wie dem Aprikosen-Lassi (siehe S. 34) oder dem Früchtequark (siehe S. 50) **Eier-Typen** lieben Asia-Omelett, Krabben-Rührei, Gemüse-Ei im Glas (siehe S. 48 und 29) – ideal auch für den **No-Carb-Typ**. Der **Keine-Zeit-Typ** findet ab Seite 50 Blitzrezepte wie Mandel-Feigen-Brot, Krabben-Apfel-Hüttenkäse.

Simple – Glyxlich – Snacken

Wie snackt man sich linienfreundlich über Leistungstiefs und Heißhungerattacken? Mit unseren simple-glyx-Rezepten.

1 kleiner Müsliriegel, 3 Kekslein, ½ Putenwurstbrötchen. 1 Glas Orangensaft. 1 Erdbeerjoghurt. Ist doch so gut wie nichts. So klein. So harmlos. So schnell weg. Und leider garantiert auf der Hüfte. Das glaubt keiner, es ist aber so: Der kleine Hunger zwischendurch ist unser größtes Figurproblem. Nicht mit unseren simple-glyx-Rezepten.

Glyxen heißt:
Man darf ruhig snacken!

Nur dreimal am Tag essen? Da kippt so mancher um. Leichter Unterzucker macht grantig, nervös, zittrig, heißhungrig ... Und ein hungriger Bauch hat keine Ohren, darum macht der nicht gegessene Snack nur dick. Darum snacken Sie lieber Zucchini-Ziegen-käse-Päckchen, Paprika-Chili-Schiffchen (siehe S. 52 und 53). Nur eben nichts, was süß ist, was viel Insulin lockt. Wenn süß, dann muss es so klein sein, dass es nur 5 Carbs enthält. Also den Zucker, den das Hirn verbraucht. Wie 1 Portion Birnen-Schoko-Chips (siehe S. 54). Weitere Beispiele finden Sie in der Liste auf Seite 29. Was tastet den Fettabbau des Körpers nicht an? Tomate mit Hüttenkäse, ein paar Nüsse, 1 Stück Käse, Pute oder Tofu, Joghurt mit Beeren, 1 Glas grüner Smoothie, 1 Ei, Spargel mit Schinken umrollt.

No Carb beim Rezept heißt: Es enthält unter 5 g Kohlenhydrate. Oder: Bis zu 10 g, auch mal 15 g Kohlenhydrate, wenn sie hauptsächlich aus Gemüse stammen und zum Großteil Ballaststoffe sind.

3 Simple -GLYX -Regeln

2. Süß oder herzhaft? Süß heißt immer »Kohlenhydrate«. Also lieber herzhaft snacken. Wenn der Körper aber unbedingt was Süßes will, dann geben Sie ihm 1 Handvoll Beeren, ein paar Früchte mit Joghurt oder einige getrocknete Aprikosen.

1. Nüsse machen dick? Falsch. Nussfette halten jede Körperzelle jung, schützen vor Herzinfarkt. Und: Wer 30 g Nüsse pro Tag snackt, ist schlanker als die, die das nicht tun. So US-Studien. Solange die Nuss nicht im Schokomantel oder Salzkleid steckt. Probieren Sie doch mal die Gewürzmandeln von Seite 54.

3. Abwarten und Tee trinken. Manchmal meint man, was snacken zu müssen – und muss gar nicht. Pfefferminztee vertreibt den vermeintlichen Hunger zwischendurch. 1 EL grüner »Gunpowder«-Tee und die abgezupften Blätter von ½ Bund Minze mit 800 ml heißem Wasser übergießen, 6–8 Min. ziehen lassen, dann abgießen und trinken.

Sommergenuss-Tipp: Crushed Ice

Crushed Ice kühlt Smoothies runter – zu einem wunderbaren Sommer-Snack. Aber wie kriegt man das Eis klein? Ganz einfach: Eiswürfel in ein Tuch einschlagen und mit einer Teigrolle oder einem Hammer zerstoßen. Oder ganz professionell durch die Eismühle (Ice Crusher) drehen. Gibt es mit Handkurbel schon für ein paar Euro im Fachhandel. Ich mag meinen strahlend blauen!

5-Carbs-erlaubt-Liste
Das können Sie sich merken: 5 Carbs pro Stunde tangieren die Fettzelle nicht. Darüber freut sich nur das Hirn. Das darf man schon mal naschen, wenn einem die Energie ausgeht.

❖ 1 Kugel GLYX-Beeren-Joghurt-Eis
❖ 2 kleine Aprikosen (50 g)
❖ ½ Schale (125 g) Beeren
❖ ½ saurer Apfel
❖ 50 g saure Kirschen
❖ 1 Maracuja
❖ 1 Mandarine (50 g)
❖ 5 Pflaumen (50 g)
❖ 1 Butterkeks (8 g)
❖ 1 Nusskeks (10 g)

❖ 1 Vollkornkeks ohne Zucker (10 g)
❖ 2 getrocknete Apfelringe
❖ 2 getrocknete Aprikosen
❖ 1 Rippe Bitterschokolade (20 g)
❖ 6 Gummibärchen
❖ 1 Mandelmakrone (10 g)
❖ 1 TL Agaven-, Apfel- oder Birnendicksaft (7 g)
❖ 1 TL Akazienhonig (7 g)
❖ 1 TL Kokosblütenzucker
❖ 1 TL Ahornsirup

VEGAN

Für 2 Gläser à 300 ml

1 Apfel (z. B. Jonagold)

½ Banane

¼ Zitrone

100 g Babyspinat

1–2 Kohlrabiblätter (ca. 50 g)

1–2 EL Zitronensaft

Für die Deko pro Glas:

3 Spinatblätter

2 Apfelwürfel

1 kleiner Holzspieß

Zubereitung: 10 Min.
Pro Glas:

ca. 2 g EW, 1 g F, 15 g KH

Spinat-Smoothie

1 Den Apfel waschen und achteln, das Kerngehäuse belassen, Stiel und Blütenansatz entfernen. Die Banane schälen und klein schneiden. Die Zitronenspalte schälen. Spinat und Kohlrabiblätter putzen, waschen, in einem Sieb abtropfen lassen und beides grob zerschneiden.

2 Apfel, Banane, Zitrone, Spinat und Kohlrabiblätter in einen Standmixer geben und 400 ml Wasser hinzufügen. Erst auf kleiner Stufe starten, dann alles auf höchster Stufe cremig pürieren. Zitronensaft dazugeben und erneut kurz mixen.

3 Die Hälfte vom Smoothie in ein großes Glas füllen. Für die Deko Spinatblätter und Apfelstücke im Wechsel auf einen kleinen Holzspieß stecken, auf den Glasrand legen. Den übrigen Drink kalt stellen.

Genuss-Tipp

Von grünen Smoothies immer am besten gleich 2–3 Portionen mixen. Denn wenn die Menge zu klein ist, können die Messer im Mixer »leerlaufen«. Also: Einen Teil trinken, den Rest in einer Karaffe oder Flasche mit Deckel in den Kühlschrank stellen. Er hält sich 1–2 Tage.

Papaya-Smoothie

1 Die Chiasamen über Nacht in 50 ml Wasser einweichen. Am nächsten Tag die Papaya schälen, entkernen und in Stücke schneiden. Die Orange schälen und ebenfalls in Stücke teilen. Das Zitronenviertel schälen. Die Früchte zusammen mit den gequollenen Chiasamen in einen Standmixer füllen.

2 Die Wirsingblätter waschen, abtropfen lassen und in Stücke schneiden. Die Petersilienblätter grob hacken. Beides zu den Früchten in den Mixer geben. Salz und 200 ml Wasser dazugeben. Erst auf kleiner Stufe starten, dann alles auf höchster Stufe cremig pürieren. Die Eiswürfel in ein Glas geben, die Hälfte vom Smoothie darübergießen und mit dem Wirsingblatt und der Orangenschale garnieren. Den übrigen Smoothie in den Kühlschrank stellen.

Genuss-Tipp *Gibt es im Winter bei Ihrem Gemüsehändler frischen Grünkohl? Dann unbedingt zugreifen! Die Blätter eignen sich ebenso gut wie die vom Wirsing für diesen grünen Power-Drink und strotzen zudem vor Vitamin C.*

Für 2 Gläser à 300 ml

VEGAN

2 TL Chiasamen
150 g Papaya
1 Orange
¼ Zitrone
2 Wirsingblätter (ca. 100 g)
1 Handvoll Petersilienblätter
(ca. 20 g)
1 Prise Meersalz
Für die Deko pro Glas:
2–3 Eiswürfel
1 zartes Wirsingblatt
1 Schalenspirale von 1 Bio-Orange

Zubereitung: 15 Min.
Einweichen: über Nacht
Pro Glas:
ca. 3 g EW, 1 g F, 9 g KH

Grüner Maikräuter-Smoothie

Für 2 Gläser à 300 ml: **100 g junge Maikräuter (z. B. Brenn-nessel, Brunnenkresse, Bärlauch, Kerbel, Sauerampfer, et-was Schafgarbe)** waschen, trocken schütteln, klein schneiden und in einen Mixer füllen. **1 Birne** waschen, achteln, Kerngehäu-se belassen, Stiel und Blütenansatz entfernen. Birnenachtel zu den Kräutern geben. **300 ml Wasser** hinzufügen. Erst auf kleiner Stufe starten, dann alles auf höchster Stufe cremig pürieren. **1 TL Arganöl, 1 TL flüssiger Akazienhonig** und **1–2 TL Zitronen-saft** dazugeben und erneut kurz mixen.

Pro Glas: ca. 2 g EW, 3 g F, 10 g KH

Grüne Smoothies

Löwenzahn-Pfirsich-Smoothie

Für 2 Gläser à 300 ml: **2 Bergpfirsiche** waschen, entstei-nen, klein schneiden. **¼ Zitrone** schälen, **1 Soft-Feige** würfeln, **50 g Babyspinat** und **40 g jungen Löwenzahn** verlesen. Alles mit **2 TL geschrotetem Leinsamen** und **250 ml Wasser** in den Mixer geben. Erst auf kleiner Stufe starten, dann alles auf höchster Stufe cremig pürieren.

Pro Glas: ca. 4 g EW, 2 g F, 15 g KH

Pak-Choi-Smoothie

Für 3 Gläser à 300 ml: **50 g Physalis** halbieren. **½ Avocado ohne Stein, 1 Orange** und **¼ Zitro-ne** schälen, klein schneiden. **100 g Pak Choi** und **1 kleinen Chicorée** waschen, putzen, klein schnei-den. Alles mit **3–4 Tropfen flüssigem Stevia** und **250 ml kaltem Wasser** im Mixer erst auf kleiner Stu-fe starten, dann auf höchster Stufe cremig pürieren.

Pro Glas: ca. 2 g EW, 9 g F, 8 g KH

Beeren-Smoothie

Für 2 Gläser à 350 ml: **150 g gemischte Beeren (z. B. Brom-, Erd-, Himbeeren)** verlesen. **½ Avocado ohne Stein** schälen, grob würfeln. **1 dünne Stange Staudensellerie mit Blättern** klein schneiden. **1 Handvoll Rucola** und **5–6 Blätter Kopfsalat (ca. 100 g)** klein schneiden. Alles mit **3–4 Tropfen flüssigem Stevia** und **2 EL Zitronensaft** in einen Mixer geben. **300 ml Wasser** dazugießen. Erst auf kleiner Stufe starten, dann alles auf höchster Stufe cremig pürieren.

Pro Glas: ca. 3 g EW, 14 g F, 10 g KH

gesund &trendy

Frühlings-Smoothie

Für 2 Gläser à 300 ml: **1 Birne** waschen, entkernen. **1 Clementine** schälen. Beides und **4 Soft-Aprikosen** würfeln. **20 g frischen Ingwer** und **¼ Zitrone** schälen, klein schneiden. **80 g Feldsalat, 40 g Möhrengrün** und **40 g Gänseblümchen mit Blüten** abbrausen und putzen. Alles mit **400 ml Wasser** im Mixer pürieren.

Pro Glas: ca. 2 g EW, 0 g F, 15 g KH

Mangold-Smoothie

Für 3 Gläser à 300 ml: **2 Feigen (ca. 40 g)** und **1 kleine Birne** waschen, achteln, Stiel und Blütenansatz entfernen. **½ rosa Grapefruit** schälen, würfeln. In einen Mixer geben. **150 g Mangoldblätter** ohne Stiele und **3 Stiele Minze** waschen, klein schneiden und mit **300 ml Wasser** hinzufügen. Alles fein pürieren.

Pro Glas: ca. 1 g EW, 0 g F, 9 g KH

Fatburner-Drink

Für 2 Gläser à 200 ml

100 g Himbeeren
(frisch oder tiefgekühlt)
1 kleine rosa Grapefruit
1 EL Zitronensaft
1 TL Agavendicksaft
200 g kalte Buttermilch
2 TL Hefeflocken
2 TL Leinöl oder Chiasamengel
(siehe S. 107)
¼ TL gemahlene Vanille
Für die Deko pro Glas:
1 kleiner Stiel Minze
1 kleiner Holzspieß

Zubereitung:

10 Min. (+ Antauen TK-Beeren)

Pro Glas:

ca. 5 g EW, 4 g F, 17 g KH

1 Frische Himbeeren verlesen, wenn nötig kurz abbrausen und 2 Beeren beiseitelegen. Tiefgekühlte Beeren 10 Min. antauen lassen. Die Grapefruit schälen und klein schneiden.
2 Beides zusammen mit Zitronensaft, 5 EL Wasser und Agavendicksaft in einen Standmixer füllen. Erst auf kleiner Stufe starten, dann alles auf höchster Stufe cremig pürieren.
3 Buttermilch, Hefeflocken, Leinöl oder Chiasamengel und gemahlene Vanille dazugeben und erneut kurz und kräftig mixen. Den Smoothie in ein Glas füllen, den Rest kalt stellen. Die beiseitegelegten Himbeeren auf einen kleinen Holzspieß stecken und zum Drink servieren. Mit dem Minzestiel garnieren. Sofort servieren.

Vegan-Variante *Mit neutralem Sojadrink statt mit Buttermilch schmeckt der fruchtige Drink auch Veganisten. Reis-, Dinkel- und Haferdrink sind ebenfalls eine super pflanzliche Alternative. Alle Sorten gibt's im gut sortierten Supermarkt und Bioladen.*

Aprikosen-Lassi

1 Die Aprikosen waschen, halbieren, entsteinen und in Spalten schneiden. Den Ingwer schälen und fein reiben. Beides zusammen mit Haselnuss- oder Mandelmus, Agavendicksaft, Limettensaft und -schale sowie der Dickmilch in einen Standmixer geben und fein pürieren. 100 ml kaltes Wasser dazugeben und alles kurz und kräftig durchmixen.
2 50 g Crushed Ice in ein hohes Glas geben und den Aprikosendrink darübergießen, den übrigen Drink mit dem restlichen Crushed Ice vermischen und kalt stellen. Aprikosen-Lassi mit Pistazien bestreuen. Aprikosenspalten einschneiden und an den Glasrand stecken.

Variante *Für Erdbeer-Minze-Lassi 250 g Erdbeeren waschen, putzen, abtropfen lassen und in einen Standmixer geben. Die Blätter von 2 Stielen Minze abzupfen und hinzufügen. 4 EL Orangensaft, 200 g Naturjoghurt und 100 ml kaltes stilles Mineralwasser oder Leitungswasser dazugeben und alles fein pürieren. Lassi auf zwei Gläser verteilen und mit je 1 Stiel Minze garnieren. Sofort servieren.*

Für 2 Gläser à 300 ml   SCHNELL

5–6 Aprikosen
(ca. 200 g)
1 Stück frischer Ingwer (ca. 2 cm)
2 TL Haselnuss- oder Mandelmus
2 TL Agavendicksaft (ersatzweise
4–5 Tropfen flüssiges Stevia)
4 TL Limettensaft
¼ TL abgeriebene Schale von
1 Bio-Limette
100 g Dickmilch
100 g Crushed Ice
Für die Deko pro Glas:
1 TL fein gehackte Pistazien
2 Aprikosenspalten

Zubereitung: 10 Min.

Pro Glas:

ca. 4 g EW, 6 g F, 17 g KH

Tomaten-Smoothie

1 Die Tomaten waschen und die Stielansätze entfernen, die Tomaten klein würfeln. Die Basilikumblätter abreiben, grob hacken und mit den Tomaten in einen Standmixer geben. Essig, Tomatenmark, Leinöl, Hefeflocken und Buttermilch dazugeben. Erst auf kleiner Stufe starten, dann alles auf höchster Stufe cremig pürieren.

2 Den Drink mit Salz, Pfeffer und Tabasco würzig-scharf abschmecken. Die Hälfte in ein großes Glas gießen, den Rest in den Kühlschrank stellen. Die Tomatenscheibe einschneiden und an den Glasrand stecken. Den Drink mit dem Basilikumblatt garnieren.

Genuss-Tipp *Wenn Sie den Tomaten-Smoothie etwas flüssiger mögen, können Sie pro Glas noch 2–3 Eiswürfel (ca. 50 g) unterrühren. Abwechslung gefällig? Dann ersetzen Sie für einen Gemüse-Smoothie die Hälfte der Tomaten durch eine Bio-Minigurke (ca. 150 g) und die Buttermilch durch Kefir.*

Für 2 Gläser à 300 ml

4 reife Tomaten
(ca. 300 g)
8 Basilikumblätter
4 TL Aceto balsamico
2 TL Tomatenmark
2 TL Leinöl
2 TL Hefeflocken
300 g kalte Buttermilch
Meersalz | Pfeffer
3–4 Spritzer Tabasco
Für die Deko pro Glas:
1 Tomatenscheibe
1 Basilikumblatt

TO GO

Zubereitung: 10 Min.
Pro Glas:
ca. 8 g EW, 5 g F, 12 g KH

Fatburner-Drink

Tomaten-Smoothie

Mango-Maracuja-Smoothie

Für 2 Gläser à 300 ml: **1 Stück reife Mango (ca. 150 g)** schälen, Fruchtfleisch würfeln. **1 Maracuja** halbieren, Fruchtfleisch samt Kernen herauslösen. **1 Bio-Limette** heiß waschen, abtrocknen, Schale abreiben, Limettensaft auspressen. Mango, Maracuja und Limettensaft in einen Mixer geben. **160 ml Kokosmilch (Dose)** hinzufügen. Erst auf kleiner Stufe starten, dann auf höchster Stufe cremig pürieren. **1 TL Agavensirup, Limettenschale** und **250 ml kaltes Wasser** dazugeben und erneut kurz mixen. Drink in zwei Gläser füllen.

Pro Glas: ca. 2 g EW, 2 g F, 16 g KH

Fruchtige &pikante

Heidelbeer-Mandel-Smoothie

Für 2 Gläser à 300 ml: **150 g Heidelbeeren** verlesen, wenn nötig kurz abbrausen. Beeren mit **1 TL abgeriebener Schale von 1 Bio-Orange, 4 TL Mandelmus, 4 TL Ahornsirup** und **300 g Kefir** in einem Standmixer pürieren. **100 g Crushed Ice** hinzufügen und alles kurz mixen.

Pro Glas: ca. 8 g EW, 14 g F, 20 g KH

Kiwi-Apfel-Smoothie

Für 2 Gläser à 300 ml: **1 großen Apfel** waschen, vierteln, entkernen, **1 Kiwi** schälen, beides würfeln. **Blätter von 4 Stielen Minze** abzupfen. Alles in einen Standmixer geben, **200 ml Trinkmolke** dazugießen und pürieren. **2 TL Zitronensaft, 2 EL Eiweißpulver** und **2 TL Akazienhonig** hinzufügen. Alles kurz mixen. Mit **je 2 Eiswürfeln** servieren.

Pro Glas: ca. 9 g EW, 1 g F, 19 g KH

Schoko-Kirsch-Smoothie

Für 2 Gläser à 300 ml: **50 g vegane Bitterschokolade (mind. 85 % Kakaoanteil)** hacken, über einem heißen Wasserbad schmelzen und etwas abkühlen lassen. **200 g aufgetaute entsteinte TK-Schattenmorellen** mit **400 ml Mandeldrink, 1 EL Ahornsirup, 4 TL Kakaopulver** und **½ TL gemahlener Vanille** in einem hohen Rührgefäß fein pürieren. Die flüssige Schokolade einlaufen lassen und alles kurz mixen.

Pro Glas: ca. 5 g EW, 15 g F, 30 g KH

Fatburner-Smoothies

Gemüse-Smoothie

Für 2 Gläser à 300 ml: **je ½ gelbe und rote Paprikaschote** und **2 Stangen Staudensellerie** waschen, putzen, würfeln. Beides mit **300 g Naturjoghurt, 2 TL Olivenöl** und **Meersalz** im Mixer pürieren. Mit **Salz** und **Pfeffer** würzen, in Gläser füllen. Mit **je ¼ TL Pulbiber** bestreuen.

Pro Glas: ca. 7 g EW, 9 g F, 12 g KH

Gurken-Kefir-Lassi

Für 2 Gläser à 300 ml: **2 Bio-Minigurken** waschen, abtrocknen und würfeln. **½ Bund Koriandergrün** waschen, trocken schütteln, mit den Stielen hacken. Zusammen mit **200 g kaltem Kefir** glatt pürieren. **Meersalz, Pfeffer, 2 TL Leinöl** und **200 ml kaltes Wasser** zufügen und kurz mixen.

Pro Glas: ca. 4 g EW, 7 g F, 6 g KH

Pfirsich-Marmelade

VEGAN

Für 2 Gläser à 250 ml

850 g Bergpfirsiche
½ Vanilleschote
100 g Rohrohrzucker
20 Tropfen flüssiges Stevia
400 g Himbeeren
10 g Apfelpektin (Geliermittel;
Reformhaus oder Bioladen)
4 EL Zitronensaft

Zubereitung:
25 Min. (+ Abkühlen)
Saftziehen: 3 Std.
Pro 1 EL (ca. 15 g):
ca. 0 g EW, 0 g F, 9 g KH

1 Die Pfirsiche kurz überbrühen, dann häuten, entsteinen und das Fruchtfleisch (ca. 600 g) fein würfeln. Die Vanilleschote längs aufschneiden, das Mark herauskratzen, die Schote in Stückchen schneiden. Mit Pfirsichen, Rohrohrzucker und Stevia in einem Topf mischen. Mindestens 3 Std. ziehen lassen.

2 Danach die Himbeeren verlesen. Die Beeren mit Apfelpektin und Zitronensaft unter den Pfirsichmix rühren. Alles unter Rühren aufkochen und offen 1–3 Min. sprudelnd kochen lassen, dann kräftig durchrühren.

3 Die heiße Fruchtmasse randvoll in saubere Twist-off-Gläser füllen. Gläser sofort verschließen und 30 Min. auf den Deckel stellen. Dann das Glas umdrehen und die Marmelade erkalten lassen. Die Marmelade kühl und dunkel aufbewahren. Ungeöffnet hält sie sich bis zu 1 Jahr.

Genuss-Tipp *Wenn Sie die Hälfte der Früchte durch Trockenfrüchte wie Aprikosen oder Pflaumen ersetzen, reduzieren Sie die Menge an Süßungsmitteln um die Hälfte. Das Trockenobst dann in etwa der gleichen Menge Wasser einweichen, pürieren und unter die frischen Früchte mischen.*

Kerniges Eiweißbrot

1 Den Backofen auf 180° vorheizen. Kürbis- und Sonnenblumenkerne hacken, mit den geschroteten Leinsamen und Sesamsamen, Mandeln, Haferkleie, Soja- und Dinkelmehl in eine Schüssel geben. Salz, Brotgewürz-Mischung und Backpulver hinzufügen, alles gut mischen. Quark, Eier und Eiweiße dazugeben und alles mit den Quirlen des Handrührgeräts zu einem glatten Teig verarbeiten. Eine Kastenform (30 cm Länge) leicht einölen. Den Teig einfüllen, glatt streichen und mit den Kürbiskernen bestreuen. Im Ofen (Mitte) 45 Min. backen.

2 Das fertige Brot herausnehmen und 10 Min. ruhen lassen, dann aus der Form lösen und auf einem Kuchengitter auskühlen lassen. Es hält sich im Kühlschrank etwa 1 Woche frisch.

Genuss-Tipp *Das ausgekühlte Brot in Scheiben schneiden und portionsweise einfrieren.*

Variante *Für eine mediterane Note zusätzlich je 50 g getrocknete Tomaten und schwarze Oliven ohne Stein fein hacken und mit 2 TL Kräuter der Provence unter den Teig mischen.*

NO CARB

Für 1 Laib von 800 g
(ca. 16 Scheiben)

100 g gemischte Kerne und Samen
100 g gemahlene Mandeln
50 g Haferkleie | 2 EL Sojamehl
2 EL Dinkel-Vollkornmehl
1 TL Meersalz
2 TL Brotgewürz-Mischung
1 Päckchen Weinstein-Backpulver
300 g Magerquark
2 Eier (Größe M)
4 Eiweiß (Größe M)
Öl für die Form
1 EL Kürbiskerne

Zubereitung: 15 Min.
Backen: 45 Min.
Pro Scheibe (ca. 50 g):
ca. 9 g EW, 9 g F, 5 g KH

Müsli-Mischung

1 Die Hafer- und Dinkelflocken mit den Mandeln, Nüssen, Kernen und Leinsamen in einer Schüssel mischen.
2 Die Müslimischung in eine gut verschließbare Dose füllen und an einem kühlen, dunklen Ort aufbewahren. Sie hält sich luftdicht verschlossen 1–2 Wochen.

Glutenfreie Variante
Für 500 g Amaranth-Müsli 125 g Sojaflakes und 75 g Amaranth-Pops (Bioladen) mischen. Je 100 g gehobelte Mandeln und gehackte Cashewnusskerne, 50 g getrocknete Cranberrys und je 25 g Gojibeeren und Kokoschips unterheben.

Genuss-Tipp
Zum Frühstück pro Portion 4 EL Müslimischung mit frischen, glyxniedrigen Früchten ergänzen. Es passen Beeren aller Art, Äpfel, Birnen, Kirschen und Pfirsiche. Dann nach Wunsch Milch, Kefir, Buttermilch, Naturjoghurt und/oder frisch gepressten Zitrussaft dazugeben. Fertig! Veganer kombinieren die Mischung nicht mit Milchprodukten, sondern mit Soja-, Mandel- oder Haferdrink und Sojajoghurt.

Für ca. 500 g

TO GO

200 g kernige Haferflocken
100 g feine Dinkelflocken
100 g gehobelte Mandeln
50 g grob gehackte Haselnuss-
oder Walnusskerne
50 g gemischte Kerne
(z. B. Sonnenblumen-, Kürbis-,
Pinienkerne, Sesamsamen)
30 g geschroteter Leinsamen

Zubereitung: 10 Min.
Pro 4 EL (ca. 30 g):
ca. 5 g EW, 8 g F, 12 g KH

Pfirsich-Marmelade

Müsli-Mischung

Für 2 Brote à 1 kg (ca. 20 Scheiben)

600 g Roggen-Vollkornmehl

400 g Dinkel-Vollkornmehl

4 TL Meersalz

1 Würfel Hefe (42 g)

150 g Natur-Sauerteig (Bioladen, Reformhaus)

2 EL Zuckerrübensirup

80 g kernige Haferflocken

250 g gemischte Kerne (z. B. Kürbiskerne, Leinsamen, Sesamsamen)

Vollkornmehl zum Arbeiten

Zubereitung: 30 Min.

Gehen: 2 Std. 15 Min.

Backen: 40 Min.

Pro Scheibe (ca. 50 g): ca. 5 g EW, 4 g F, 20 g KH

1 Beide Mehlsorten und Salz in einer großen Schüssel mischen, in die Mitte eine Mulde drücken. Hefe in eine zweite Schüssel bröckeln, mit 700 ml lauwarmem Wasser, Sauerteig und Sirup gut verrühren, bis sich die Hefe aufgelöst hat.

2 Den Hefemix in die Mulde gießen, 50 g Haferflocken und 200 g Kerne dazugeben. Alles mit den Knethaken des Handrührgeräts zu einem geschmeidigen Teig verkneten. Dann den Teig auf einer bemehlten Arbeitsfläche mit den Händen 5 Min. kneten, bis er glatt und elastisch ist. Zu einer Kugel formen, mit Mehl bestäuben und mit einem Tuch bedeckt an einem warmen Ort (ca. 30°) 1 Std. 30 Min. gehen lassen.

3 Ein Backblech mit Backpapier auslegen. Den Teig auf einer bemehlten Arbeitsfläche halbieren und mit den Händen zu 2 runden Laiben formen. Diese auf das Blech legen und mit Wasser bepinseln. Die übrigen Kerne und die restlichen Haferflocken auf die Laibe streuen und leicht andrücken. Zugedeckt ca. 45 Min. gehen lassen.

4 Den Backofen auf 250° vorheizen. Auf den Boden des Ofens eine mit Wasser gefüllte ofenfeste Tasse stellen. Die Brote nach Belieben längs einschneiden und im Backofen (Mitte) 10 Min. backen. Dann die Temperatur auf 200° reduzieren und die Brote weitere 30 Min. backen. Die Brote auf einem Kuchengitter auskühlen lassen.

Variante *Für Körnerbrötchen die Hälfte des Teigs wie im Rezept beschrieben zubereiten, nur 200 g Kerne unterkneten. Zugedeckt an einem warmen Ort 1 Std. 30 Min. gehen lassen. Dann aus dem Teig 24 runde Brötchen formen, auf ein mit Backpapier ausgelegtes Blech setzen und weitere 30 Min. gehen lassen. Brötchen im vorgeheizten Backofen bei 250° (Mitte) 20 Min. backen. Herausnehmen und auskühlen lassen.*

Roggen-Mehrkornbrot

Für 1 Person

1 EL Cashewnusskerne
1 TL Butter
2 TL Sesamsamen
1 TL flüssiger Akazienhonig
1 EL Amaranth-Pops
150 g gemischte Beeren (z. B.
Heidelbeeren, Himbeeren,
Johannisbeeren; frisch oder
tiefgekühlt)
150 g Naturjoghurt oder
Dickmilch

Zubereitung:

15 Min. (+ Auftauen TK-Beeren)
Ca. 9 g EW, 15 g F, 28 g KH

Beeren-Joghurt

1 Die Cashewnusskerne grob hacken. Die Butter in einer kleinen beschichteten Pfanne zerlassen. Cashewnusskerne und Sesamsamen darin unter Wenden bei mittlerer Hitze goldbraun anrösten. Den Honig darüberträufeln und erhitzen. Die Amaranth-Pops unter die Nuss-Honig-Mischung rühren, den Mix auf einen Teller geben und abkühlen lassen. Dann grob hacken oder zerbröckeln.

2 Inzwischen die Beeren verlesen, wenn nötig abbrausen und vorsichtig trocken tupfen. Tiefgekühlte Beeren am besten über Nacht im Kühlschrank auftauen lassen. Joghurt oder Dickmilch verrühren und in eine Schale oder Tasse geben. Beeren und Nussmischung (Crunchy) darauf anrichten.

Genuss-Tipp *Crunchy am besten in einer größeren Menge zubereiten und in einer Dose kühl und trocken aufbewahren. So sparen Sie morgens Zeit ein.*

Sommerfrucht-Quinoa

1 Die Quinoa in einem Sieb unter fließend heißem Wasser waschen. In einem Topf 100 ml Wasser aufkochen, Quinoa hinzufügen und unter gelegentlichem Rühren bei kleiner Hitze 20 Min. quellen lassen. (Oder Quinoa nur über Nacht einweichen.) In eine Schüssel geben und 5 Min. abkühlen lassen.

2 Die Nektarine waschen, halbieren, entsteinen und in dünne Spalten schneiden. Erdbeeren waschen, putzen und vierteln. Quinoa mit den Cranberrys in einer Schale mischen. Joghurt mit Agavendicksaft und Vanille verrühren und auf dem Müsli verteilen. Mit Nektarinenspalten und Erdbeeren belegen.

Mitnehm-Tipp *Der Mix schmeckt nicht nur zum Frühstück, sondern auch als Lunch. Zum Mitnehmen den Mix in ein Schraubglas oder in einen Becher mit Deckel füllen.*

Speed-Tipp *Damit es am Morgen schnell geht, die Quinoa-Körnchen am besten schon am Vorabend garen und abgedeckt in den Kühlschrank stellen.*

Für 1 Person

30 g Quinoa
1 Nektarine
50 g Erdbeeren
1 TL getrocknete Soft-Cranberrys
150 g Naturjoghurt
1 TL Agavendicksaft
1 Msp. gemahlene Vanille

TO GO

Zubereitung: 30 Min.

Ca. 11 g EW, 8 g F, 37 g KH

VEGAN

Für 1 Person

1 EL gehackte Mandeln
1 kleiner säuerlicher Apfel
(z. B. Elstar)
150 g Sojajoghurt
3 EL feine Vollkorn-Haferflocken
1 TL Apfeldicksaft
2 TL Zitronensaft
50 g Himbeeren

Zubereitung: 10 Min.
Ca. 11 g EW, 9 g F, 37 g KH

Bircher Himbeer-Müsli

1 Die Mandeln in einer beschichteten Pfanne ohne Fett anrösten, bis sie goldbraun sind. Auf einem Teller abkühlen lassen.
2 Inzwischen den Apfel waschen, abtrocknen, vierteln, entkernen und fein reiben. Sojajoghurt mit Haferflocken, Mandeln, Apfeldicksaft, Zitronensaft und geriebenem Apfel in eine Schüssel geben und verrühren. Die Himbeeren verlesen, wenn nötig kurz abbrausen, trocken tupfen und auf dem Bircher Müsli anrichten.

Genuss-Tipp *Alternativ können Sie das Bircher Müsli auch mal mit Heidelbeeren-, Brombeeren- oder Johannisbeeren kombinieren. Oder die Beeren mit 2 TL Apfeldicksaft fein pürieren und als Sauce zum Müsli reichen. Mehr Variationen gefällig? Dann tauschen Sie den Apfel gegen eine nicht zu reife Birne und nehmen Birnen- statt Apfeldicksaft. Im Sommer können Sie das Müsli noch mit 3–4 Gänseblümchenblüten dekorieren.*

Sanddorn-Traum

1 Den Quark und das Mineralwasser mit einem Schneebesen cremig verrühren. Den Sanddornsaft und die Dinkelflocken dazugeben und unterrühren.

2 Die Physalis aus den Blatthüllen lösen und halbieren. Die Kiwi schälen, längs vierteln und in Scheibchen schneiden. Die Schokolade hacken.

3 Den Quark in einem Glas anrichten, die Früchte darauf verteilen und mit der Schokolade bestreuen.

Genuss-Tipp *Je nach Jahreszeit können Sie das Müsli mit anderen Früchten kombinieren: im Sommer mit Aprikosen und Himbeeren, im Herbst mit frischen Feigen und Orange. Wer Abwechslung mag, ersetzt die Schokolade durch 2 TL gehackte Haselnüsse, Walnüsse oder Pekannüsse. Auch Kokosraspel oder Sesamsamen schmecken gut als Topping auf dem Müsli. Für mehr Aroma Nüsse und Samen vorher in einer Pfanne anrösten.*

Für 1 Person

SCHNELL

150 g Magerquark

3–4 EL Mineralwasser mit Kohlensäure

2 EL Sanddornsaft mit Honig (Reformhaus, Bioladen)

3 EL feine Dinkelflocken

8–10 Physalis (ca. 50 g)

1 kleine Kiwi

10 g Bitterschokolade (mind. 70 % Kakaoanteil)

Zubereitung: 10 Min.

Ca. 24 g EW, 6 g F, 38 g KH

NO CARB

Lachs mit Dillgurken

Für 1 Person

1 ½ EL Frischkäse
(Halbfettstufe)
1 TL geriebener Meerrettich
(frisch gerieben oder
aus dem Glas)
4 TL Limettensaft
Meersalz | Pfeffer
1 Bio-Minigurke (ca. 150 g)
½ säuerlicher Apfel
(z. B. Braeburn)
50 g Scheiben Räucherlachs
2 Stiele Dill

Zubereitung: 10 Min.

Ca. 17 g EW, 8 g F, 11 g KH

1 Den Frischkäse mit Meerrettich und 1–2 TL Limettensaft verrühren, leicht salzen und pfeffern.

2 Die Gurke waschen, abtrocknen und schräg in dünne Scheiben schneiden. Den Apfel waschen, entkernen und längs in dünne Spalten schneiden. Gurkenscheiben und Apfelspalten auf einem Teller auslegen, sofort mit dem übrigen Limettensaft beträufeln. Den Räucherlachs locker darauf anrichten. Alles mit Pfeffer übermahlen. Dill waschen und trocken schütteln, die Dillspitzen abzupfen und darüberstreuen. Frischkäse mit einem Teelöffel abstechen und dazu anrichten. Das schmeckt dazu: 1 Scheibe Pumpernickel (ca. 20 g).

Veggie-Variante *Auch als Vegetarier müssen Sie nicht auf eine feine Rauchnote verzichten: Den Räucherlachs einfach durch dünne Scheiben Räuchertofu ersetzen und zur Abwechslung statt der Minigurke fein geschnittenen Fenchel verwenden.*

Tomaten-Hähnchen-Tatar

1 Den Hähnchenbrust-Aufschnitt in kleine Würfel schneiden. Die Frühlingszwiebel putzen, waschen und in feine Ringe schneiden. Die Tomaten waschen und die Stielansätze entfernen. Tomaten vierteln, entkernen und klein würfeln. Alles mit Essig und Öl mischen, mit Salz und Pfeffer würzen. Das Tatar in eine Schale füllen.

2 Den Frischkäse cremig rühren und daraufgeben. Mit Pinienkernen und Basilikum garnieren. Das schmeckt dazu: 2 Scheiben Vollkornbaguette (ca. 40 g).

NO CARB

Für 1 Person

40 g Hähnchenbrust-
Aufschnitt
1 Frühlingszwiebel
2 mittelgroße Tomaten
2 TL weißer Aceto balsamico
1 TL Olivenöl
Meersalz | Pfeffer
100 g körniger Frischkäse
2 TL Pinienkerne
1–2 Basilikumblätter

Zubereitung: 15 Min.

Ca. 22 g EW, 11 g F, 8 g KH

Genuss-Tipp *Statt Hähnchenbrust-Aufschnitt zur Abwechslung Roastbeef-Aufschnitt oder geschälte gegarte Garnelen nehmen und zum Sonntagsfrühstück genießen.*

Veggie-Variante *Den Hähnchenbrust-Aufschnitt durch 1 hart gekochtes und grob gehacktes Ei ersetzen.*

Käse auf Kohlrabi

1 Den Käse in kleine Würfel schneiden. Den Quark mit 1 EL Wasser und Senf verrühren, den Käse untermischen. Mit Salz und Pfeffer würzen. Die Radieschen putzen, waschen und in dünne Scheiben schneiden.

2 Die Kohlrabischeiben schälen und großzügig mit dem Käsequark bestreichen und anrichten. Die Hälfte der Radieschen dachziegelartig darauflegen und mit je 1 Büschel Gartenkresse garnieren. Die übrigen Radieschenscheiben darum herum verteilen. Das schmeckt dazu: 1 Scheibe kerniges Eiweißbrot (siehe S. 38; ca. 50 g) oder Roggen-Vollkornbrot (ca. 50 g).

Veggie-Variante *Schmeckt fein-nussig mit Schärfe-Kick: Die Käsewürfel im Quark durch 1 EL fein geriebene geröstete Walnüsse ersetzen und statt der Kresse 1 kleine Handvoll frische Radieschensprossen darüberstreuen.*

Für 1 Person

50 g Käse-Aufschnitt
(z. B. Tilsiter, Emmentaler)
2 EL Magerquark
½ TL scharfer Senf
Meersalz | Pfeffer
4 Radieschen
2 große Scheiben Kohlrabi
(ca. 1 cm dick)
2 Büschel Gartenkresse

NO CARB

Zubereitung: 10 Min.

Ca. 22 g EW, 9 g F, 3 g KH

Lachs mit Dillgurken

Käse auf Kohlrabi

Gemüse-Ei im Glas

NO CARB

Für 1 Person

2 Eier (Größe M)
1 kleine Bio-Minigurke
1 orange Snack-Paprikaschote
1 dünne Frühlingszwiebel
3 Stiele Dill
1 TL weißer Aceto balsamico
1 TL Olivenöl
Meersalz | Pfeffer

Zubereitung: 15 Min.

Ca. 15 g EW, 16 g F, 6 g KH

1 Die Eier anstechen, in kochendes Wasser legen und in 5–6 Min. wachsweich kochen.
2 Inzwischen die Gurke und Paprikaschote waschen und abtrocknen, beides längs halbieren, entkernen und fein würfeln. Die Frühlingszwiebel putzen und waschen, weiße und hellgrüne Teile in sehr feine Ringe schneiden. Den Dill waschen und trocken schütteln, die Dillspitzen abzupfen. Zwei Drittel davon mit Essig, Öl, Frühlingszwiebel, Gurken- und Paprikawürfel mischen. Mit Salz und Pfeffer kräftig würzen. Die Gemüsesalsa in ein Becherglas füllen.
3 Die Eier kalt abschrecken, pellen und auf das Gemüse im Glas legen. Die Eier von oben so einschneiden, dass das Eigelb sichtbar wird. Mit übrigem Dill garnieren. Sofort servieren.

Genuss-Tipp *Das Becherglas vor dem Servieren am besten in ein heißes Wasserbad stellen, damit die wachsweichen Eier länger warm bleiben.*

Krabben-Rührei

1 Die Tomaten waschen und die Stielansätze entfernen, die Tomaten in Scheiben schneiden. Die Krabben in einem Sieb kurz abbrausen und gut abtropfen lassen. Den Schnittlauch waschen, trocken schütteln und in feine Röllchen schneiden. 2 TL davon zum Bestreuen beiseitelegen, den übrigen Schnittlauch mit Eiern und Milch verrühren. Die Krabben unterheben, mit Salz und Pfeffer würzen.
2 In einer beschichteten Pfanne das Öl erhitzen, die Tomatenscheiben darin 1–2 Min. erwärmen. Tomaten herausnehmen, auf zwei Tellern anrichten, leicht salzen und pfeffern. Dann die Krabben-Ei-Masse in die Pfanne gießen und bei kleiner Hitze in 3–4 Min. stocken lassen. Dabei die Eiermasse mit einem Pfannenwender vom Rand zur Mitte schieben. Krabben-Rührei auf den Tomaten anrichten. Mit dem übrigen Schnittlauch bestreuen und servieren.

Veggie-Variante *Für ein fluffiges Rührei die Krabben durch 3 EL Amaranth-Pops aus dem Bioladen ersetzen.*

NO CARB

Für 2 Personen

3 Eiertomaten
100 g Nordseekrabben
(Kühlregal)
4 Stiele Schnittlauch
3 Eier (Größe M)
3 EL Milch
Meersalz | Pfeffer
2 TL Olivenöl

Zubereitung: 15 Min.
Pro Portion:
ca. 22 g EW, 13 g F, 4 g KH

Asia-Omelett

1 Den Ingwer schälen und fein würfeln. Die Frühlingszwiebeln putzen und waschen, weiße und hellgrüne Teile in feine Ringe schneiden. Die Chilischote längs aufschneiden, entkernen, waschen und fein würfeln. Alles mit Eiern und Kokosmilch verquirlen, mit Sojasauce, Salz und Pfeffer würzen.

2 Sprossenmix kurz abbrausen, abtropfen lassen. Das Öl in einer beschichteten Pfanne erhitzen, die Hälfte der Eiermasse hineingießen und bei kleiner Hitze in 3–4 Min. stocken lassen. Die Hälfte der Sprossen darüberstreuen. Aus der übrigen Eiermasse ein zweites Omelett zubereiten und mit den übrigen Sprossen bestreuen.

3 Die Paprikaschote halbieren, putzen, waschen und in feine Streifen schneiden. Koriandergrün waschen und trocken schütteln, die Blättchen abzupfen. Omeletts mit Paprikastreifen und Korianderblättchen anrichten. Sofort servieren. Das schmeckt dazu: pro Person 2 kleine Pellkartoffeln (ca. 100g) oder 1 Scheibe kerniges Eiweißbrot (ca. 50 g)

Genuss-Tipp *Mögen Sie es zum Frühstück nicht so scharf? Dann ersetzen Sie Ingwer und Chilischote einfach durch je 1 klein gewürfelte Schalotte und Knoblauchzehe.*

Für 2 Personen

NO CARB

1 Stück frischer Ingwer (ca. 2 cm)
2 Frühlingszwiebeln
1 kleine rote Chilischote
3 Eier (Größe M)
3 EL Kokosmilch (Dose)
1 TL helle Sojasauce
Meersalz | Pfeffer
2 Handvoll Sprossenmix (z. B. Linsen, Alfalfa; Kühlregal)
2 TL Kokosöl
1 kleine rote Paprikaschote
3 Stiele Koriandergrün

Zubereitung: 15 Min.
Pro Portion:
ca. 13 g EW, 16 g F, 9 g KH

Gemüse-Ei im Glas

Krabben-Rührei

Heidelbeer-Walnuss-Dickmilch

Für 1 Person: **1 EL Walnusskerne** grob hacken und in einer Pfanne ohne Fett anrösten. Vom Herd nehmen und abkühlen lassen. **150 g Dickmilch** mit **2 EL Milch, 2 TL Agavendicksaft** und **¼ TL gemahlener Vanille** verrühren. **100 g Heidelbeeren** verlesen, wenn nötig kurz abbrausen und trocken tupfen. Mit **1 TL Zitronensaft** beträufeln. Zum Anrichten abwechselnd Heidelbeeren, Dickmilch und gehackte Walnüsse in ein Becherglas schichten. Mit **1–2 Minzeblättchen** garnieren.

Ca. 8 g EW, 13 g F, 22 g KH

Frühstück**Blitz**rezepte

Mandel-Feigen-Brot

Für 1 Person: **1 ½ EL Ricotta** und **1 TL Mandelmus** verrühren, auf **1 Scheibe Vollkornbrot** streichen. **1 Feige** waschen und trocken tupfen, den Stielansatz entfernen. Die Feige quer in dünne Scheiben schneiden und auf das Brot legen. Mit **½ TL flüssigem Akazienhonig** beträufeln und mit **½ TL Pinienkernen** bestreuen.

Ca. 6 g EW, 10 g F, 16 g KH

Früchtequark

Für 1 Person: **100 g Erdbeeren, 1 kleine Birne** und **½ Orange** putzen, schälen, klein schneiden. Obst mischen, mit **1 EL Orangensaft** beträufeln. **2 TL gehackte Mandeln** und **1 TL Pinienkerne** in einer Pfanne anrösten. **150 g Quark** mit **1 EL Mineralwasser** und **1 TL Agavensirup** cremig rühren. Auf den Früchten verteilen, mit dem Mandelmix bestreuen.

Ca. 21 g EW, 26 g F, 33 g KH

Scharfe Avocadocreme

Für 2 Personen: **1 Avocado** halbieren, entsteinen und das Fruchtfleisch aus der Schale lösen. Mit **1 EL Limettensaft** beträufeln und mit einer Gabel zermusen. **1 kleine Schalotte** schälen, **½ rote Chilischote** putzen und waschen. Beides klein würfeln und mit **1 EL gehacktem Koriandergrün** unter das Avocadomus mischen. Salzen und pfeffern. Avocadocreme mit 2 in Scheiben geschnittenen Tomaten anrichten.

Pro Portion: ca. 3 g EW, 27 g E, 3 g KH

süß &pikant

Gemüse-Max

Für 1 Person: **1 Scheibe Roggen-Bauernbrot (ca. 50 g)** toasten. **100 g Zucchini** und **5 Champignons** putzen, in Scheiben schneiden, in **1 EL Olivenöl** 2–3 Min. dünsten. **Salzen** und **Pfeffern**, mit **1 Scheibe Parmaschinken** auf dem Brot anrichten. **1 Ei (M)** zu einem Spiegelei braten und daraufgeben. Mit **EL Schnittlauchröllchen** bestreuen.

Ca. 36 g EW, 29 g F, 26 g KH

Krabben-Apfel-Hüttenkäse

Für 1 Person: **150 g körnigen Frischkäse** mit **Meersalz, Pfeffer** und **1 TL Zitronensaft** würzen. **1 Frühlingszwiebel** putzen, waschen, in feine Ringe schneiden. **¼ Apfel** entkernen, klein würfeln. Beides mit **50 g gegarten Nordseekrabben** unter den Frischkäse heben. **1 Bio-Minigurke** waschen und in Scheiben schneiden, den Hüttenkäse darauf anrichten.

Ca. 29 g EW, 7 g F, 10 g KH

Zucchini-Ziegenkäse-Päckchen

Für 1 Person: **1 großen Zucchino** längs in 4 dünne Scheiben schneiden, diese in kochendem **Salzwasser** 1 Min. blanchieren. Herausnehmen, kalt abschrecken und auf Küchenpapier abtropfen lassen. **1 getrocknete Tomate (in Öl)** abtropfen lassen und fein hacken. **2 Basilikumblätter** in feine Streifen schneiden. Beides auf **2 Ziegenfrischkäse (z. B. Picandou; à 30 g)** verteilen, pfeffern. Zucchinischeiben um den Käse wickeln. Grillpfanne mit **1 TL Olivenöl** einpinseln und erhitzen, Päckchen darin auf jeder Seite 1–2 Min. braten. Warm oder kalt servieren.

Ca. 12 g EW, 19 g F, 4 g KH

Kleine Snacks

Tomaten-Mozzarella-Spieße

Für 1 Person: **je 3 kleine Mozzarellakugeln** und **3 Kirschtomaten** halbieren. **6 Basilikumblätter** abreiben. Abwechselnd je 1 Tomaten- und Mozzarellahälfte wie ein Sandwich mit einem Basilikumblatt dazwischen auf **6 kleine Holzspieße** stecken.

Ca. 4 g EW, 4 g F, 1 g KH

Tuna-Dill-Salat

Für 1 Person: **1 Dose Thunfisch im eigenen Saft (60 g Abtropfgewicht)** abgießen, zerpflücken. **½ Bio-Minigurke** waschen, längs halbieren, entkernen, zum Thunfisch raspeln. **2 Stiele Dill** waschen, die Spitzen hacken, mit **1 EL Ricotta** unter den Thunfisch rühren, **salzen** und **pfeffern**. **2 Radicchioblätter** putzen, den Salat darauf anrichten.

Ca. 17 g EW, 4 g F, 1 g KH

Avocado-Lachs-Röllchen

Für 1 Person: **2 große Blätter Romanasalat** putzen, in kochendem **Salzwasser** 30 Sek. blanchieren, herausnehmen und abtropfen lassen. **¼ Avocado** schälen, in 1–2 cm dicke Spalten schneiden, mit **2 TL Zitronensaft** beträufeln. Salatblätter ausbreiten, mit **2 Scheiben Räucherlachs (ca. 50 g)** und Avocadospalten belegen, **pfeffern.** Salatblätter an den Schmalseiten einklappen, einrollen, schräg halbieren.

Ca. 11 g EW, 18 g F, 1 g KH

fürZwischendurch

Ajvar-Walnuss-Joghurt

Für 1 Person: **2 TL gehackte Walnüsse** in einer Pfanne rösten. **100 g Naturjoghurt** mit **2 EL körnigem Frischkäse, 1 TL Walnussöl** und **2 TL Ajvar (Glas)** verrühren. **1 TL Nüsse** unterrühren, mit **Meersalz** und **Pfeffer** würzen. Joghurt in ein Glas füllen, mit übrigen Nüssen und **2 TL gehackter Petersilie** bestreuen.

Ca. 10 g EW, 18 g F, 8 g KH

Paprika-Chili-Schiffchen

Für 1 Person: **2–3 orange Snack-Paprikaschoten** halbieren, putzen und waschen. **2 ½ EL Quark** mit **¼ TL Chiliflocken, 1 TL Zitronensaft** und **1 TL gehackten gerösteten Kürbiskernen** mischen, **salzen** und **pfeffern.** Quark in die Hälften füllen, mit **2 TL Schnittlauchröllchen** bestreuen.

Ca. 8 g EW, 8 g F, 8 g KH

Birnen-Schoko-Chips

Für 4 Portionen: **2 feste Birnen (ca. 400 g)** waschen, abtrocknen, vierteln, entkernen und in dünne Spalten schneiden. Auf einem mit Backpapier ausgelegten Blech verteilen, im vorgeheizten Ofen (unten) bei 100° und leicht geöffneter Ofentür in 1 Std. 30 Min. trocknen lassen. **30 g Bitterschokolade (mind. 70 % Kakaoanteil)** sehr fein hacken. Birnenchips herausnehmen, mit Schokolade bestreuen und im Ofen 10–15 Min. backen, bis die Schokolade geschmolzen ist. Auf dem Blech abkühlen lassen, dann in eine Dose füllen. Halten sich ca. 1 Woche.

Pro Portion (25 g): ca. 1 g EW, 3 g F, 10 g KH

Knusper-und

Currykichererbsen

Für 6 Portionen: Backofen auf 180° vorheizen. **265 g abgetropfte Kichererbsen (Dose)** trocken tupfen. **1 EL Olivenöl, 2 TL Currypulver, Meersalz** und **Pfeffer** verrühren, Kichererbsen darin wenden. Auf einem mit Backpapier ausgelegten Blech ausbreiten. Im Ofen 30 Min. rösten. Abkühlen lassen und in eine Dose füllen. Halten sich ca. 1 Woche.

Pro Portion (30 g): ca. 2 g EW, 2 g F, 4 g KH

Gewürzmandeln

Für 8 Portionen: Ofen auf 200° vorheizen. **200 g geschälte Mandeln** in 1 verquirlten Eiweiß wenden, auf einem mit Backpapier ausgelegten Blech verteilen. Mit **je 1 TL gemahlenem Kreuzkümmel, rosenscharfem Paprikapulver, ½ TL Meersalz** bestreuen. Im Ofen (Mitte) 8–10 Min. rösten. Mandeln abkühlen lassen. Halten sich ca. 2 Wochen.

Pro Portion (25 g): ca. 6 g EW, 14 g F, 1 g KH

Spinat-Sesam-Bällchen

Für 1 Person: **150 g Babyspinat** mit kochend heißem Wasser übergießen, nach 30 Sek. abgießen, kalt abschrecken und gut ausdrücken. **1 TL Sesamsamen** in einer Pfanne ohne Fett anrösten, zum Spinat geben. Mit **1–2 TL dunkler Sojasauce** und **Pfeffer** würzen. Aus der Spinatmischung 4 kleine Bällchen formen. Eventuell auf kleine Holzspieße stecken. **2 EL Naturjoghurt** mit **1 TL Misopaste** verrühren und dazu reichen.

Ca. 7 g EW, 4 g F, 6 g KH

Power-Snacks

Scharfe Gurken-Putenröllchen

Für 1 Person: **1 Bio-Minigurke** waschen, halbieren, entkernen, Gurkenhälften längs in dünne Streifen schneiden. **3 Scheiben Putenbrust-Aufschnitt (ca. 50 g)** mit **1 TL Wasabi (Tube)** bestreichen. Gurkenstreifen darauf verteilen, salzen und aufrollen. Röllchen mit **je 1 Schnittlauchhalm** verschließen.

Ca. 7 g EW, 6 g F, 4 g KH

Gemüsesticks mit Pestodip

Für 1 Person: **250 g Gemüse wie Paprikaschoten, Minigurke, Möhren, Staudensellerie, Kohlrabi** waschen, putzen und in Streifen schneiden. **2 EL Magerquark** mit **2 TL rotem Pesto (Glas), Meersalz** und **Pfeffer** verrühren. **3 Blätter Basilikum** abreiben, fein schneiden und unterrühren.

Ca. 9 g EW, 4 g F, 10 g KH

Lecker – Bunt – Mediterran

Glück ist, wenn die Antipasti, die Pasta und das Ratatouille nach Abenteuer schmecken, nach Urlaub, nach Mittelmeer.

Wir lieben die mediterrane Küche, weil sie uns an Kindertage am Strand erinnert, an Ferientage mit Freunden. Weil sie uns ein langes Leben schenkt – ein schlankes freilich. Das Geheimnis: viel Fisch, buntes Gemüse, goldgrünes Olivenöl. Und es müssen nicht immer Pizza und Pasta sein – die mediterrane Küche eignet sich wunderbar, um auch abends mal No Carb zu essen.

Olivenöls Schlank-Aroma

Sie essen die Antipasti von Seite 58 – sind schnell satt. Sie brauchen im Grunde kein Brot und keine Pasta mehr. Warum? Hochwertiges, natives Olivenöl, extra vergine, lockt Schlankhormone. Heute verordnet so mancher Experte ein Schnapsglas Olivenöl, wenn gar nichts

mehr geht. So mancher deutsche Bauernvertreter hätte da lieber Rapsöl drin. Nur: Das wirkt nicht so. Olivenöl lockt die Ich-bin-satt-Hormone, Rapsöl tut das leider nicht. Grund: die Aromastoffe des Olivenöls. Wer denkt denn daran, dass Aromastoffe schlank machen? Schnuppern Sie doch einfach mal auf den nächsten Seiten vorbei! Wetten, dass ...

Lust auf ein mediterranes Menü? Servieren Sie Nizza-Salat (siehe S. 60), Tomaten-Saltimbocca (siehe S. 69), dann Schoko-Feigen-Mousse (siehe S. 127). Oder: Tomaten-Suppe (siehe S. 66), Garnelen-Penne (siehe S. 63), Aprikosen-Carpaccio mit Thymian (siehe S. 132)

3 Simple -GLYX -Regeln

2. Gesunder Fisch: Passt super in die simple-glyx-Küche. Egal, ob im Nizza-Salat (siehe S. 60) oder in der Fisch-Minestrone (siehe S. 67). Damit sein wertvolles Eiweiß noch besser aufgenommen werden kann, den Fisch mit dem Vitamin C einer Zitrone beträufeln. Unter greenpeace.de oder WWF.de gibt es stets aktuell Fischratgeber, die sagen, was man mit gutem Gewissen angeln darf.

1. Weizenwarnung: Glyxhoher Weichweizen (höherer GLYX als Zucker) kommt im Buch nicht vor. Der auf Ertrag gezüchtete Hochleistungsweizen führt oft zu Unverträglichkeiten, macht chronisch krank. Hartweizen ist besser verträglich. Wer auf Weizen nicht verzichten will, greift zu alten Sorten wie Emmer, Einkorn, Dinkel und Kamut.

3. Öl und Essig vor dem Essen: Man kann ganz einfach den GLYX herunterdimmen mit Essig und Olivenöl. Essig reguliert den Blutzuckerspiegel, bremst das Blutzuckerhormon Insulin. Olivenöl lockt schon vorab Ich-bin-satt-Hormone. Ideal: die GLYX-Vinaigrette von Seite 108.

Die gesündesten Spaghetti der Welt

Gesunde Pasta ist ein Widerspruch in sich? Von wegen! Witzige, neue Gemüsehobel zaubern im Handumdrehen superleckere glyxniedrige Zucchini-Spaghetti. So geht's: Zuchini aufstecken – und loskurbeln. Die sind auch aus der Raw-Food-Küche nicht mehr wegzudenken. Mit einer leckeren Tomatensauce als Nudelpfanne zubereitet, kann man die Feinde der Fettzelle – kaum noch von echten Spaghetti unterscheiden. Die grünen Nudeln einfach mit der Sauce erhitzen. Die machen Tomaten-Pasta zu einem No-Carb-Gericht! Und keiner merkt's!

Freu(n)de verewigen

Im Trend: Aus Alt mach Neu, aufwerten statt wegwerfen ... Das gilt auch für Servietten. Aus den alten Stoffteilen – langweilig, weiß, weit nach hinten in die Schublade verbannt – werden echte Unikate, wenn man sie mit Pinsel, Schablone und Stofffarben mit den Initialen oder Namen seiner Gäste verschönert. Das zeigt Wertschätzung. Für Omas alte Servietten – und für die darauf verewigten Freunde. Und natürlich auch für das Essen. Denn dann schmeckt das simple glyx-Menü noch besser.

MG

Gemüse-Antipasti

NO CARB

Für ca. 600 g

3 große rote
Spitzpaprikaschoten
1 Aubergine (ca. 300 g)
2 junge Zucchini (ca. 200 g)
2 Knoblauchzehen
1 Zweig Rosmarin
4–6 Zweige Thymian
6 EL Olivenöl
2 EL Zitronensaft
2 EL Aceto balsamico
Meersalz | Pfeffer

Zubereitung: 30 Min.
Marinieren: 20 Min.
Bei 4 Personen pro Portion:
ca. 3 g EW, 16 g F, 10 g KH

1 Den Backofen auf 220° vorheizen. Paprikaschoten längs halbieren, putzen, waschen und quer in 2 cm breite Streifen schneiden. Aubergine und Zucchini waschen, abtrocknen und putzen. Aubergine längs halbieren oder vierteln, Aubergine und Zucchini in 2–3 cm dicke Scheiben schneiden. Knoblauch schälen und in dünne Scheiben schneiden. Rosmarin und Thymian waschen und trocken schütteln, die Blättchen abzupfen und hacken.

2 Ein Backblech mit Backpapier auslegen. 2 EL Olivenöl mit Knoblauch und Kräutern in einer großen Schüssel verrühren, das Gemüse darin wenden, dann auf dem Backblech verteilen. Im Backofen (unten) 15–20 Min. braten, zwischendurch das Gemüse wenden.

3 Zitronensaft, Essig und übriges Öl verrühren, über dem heißen Gemüse verteilen und mindestens 20 Min. marinieren. Antipasti leicht salzen und pfeffern. Gemüse-Antipasti lauwarm oder kalt servieren. Oder: mit gegrilltem Fisch, Fleisch oder Halloumi-Käse als Beilage oder zerbröckeltem Schafskäse (Feta) obendrauf wird das Gemüse zum sättigenden Genuss.

Basilikum-Pesto

1 Die Pinienkerne in einer Pfanne ohne Fett anrösten, herausnehmen und abkühlen lassen. Inzwischen die Basilikumblätter abreiben und grob hacken. Den Knoblauch schälen und in kleine Würfel schneiden.

2 Pinienkerne, Basilikum, Knoblauch und ¼ TL Meersalz in einen Blitzhacker geben und fein pürieren, dabei nach und nach das Öl einfließen lassen. Parmesan und Pecorino dazugeben und kurz untermixen. Pesto mit Salz und Pfeffer würzen, in ein sauberes Twist-off-Glas füllen, mit Öl bedecken und das Glas verschließen. Im Kühlschrank hält es sich 7–10 Tage.

Genuss-Tipp *Pasta mit Pesto – für viele die helle Freude. Oder in der Minestrone (siehe S. 67): Erst durch Basilikum erhält sie eine raffinierte Note. Pesto in einer Vinaigrette macht Salat zu einem mediterranen Genuss. Und als Aufstrich oder Dip mit Gemüsestreifen ist die Paste ein wunderbarer Snack. Bleibt »No Carb« mit Zucchinispaghetti.*

Für 1 Glas von 200 ml

NO CARB

30 g Pinienkerne
2 Handvoll Basilikumblätter
(ca. 60 g)
1 Knoblauchzehe
Meersalz
60–80 ml Olivenöl
2 EL fein geriebener Parmesan
2 EL fein geriebener Pecorino
Pfeffer
Olivenöl zum Bedecken

Zubereitung: 15 Min.
Pro Portion (ca. 25 g):
ca. 1 g EW, 14 g F, 1 g KH

Gemüse-Bolognese

1 Stielansätze der Tomaten entfernen. Tomaten kurz überbrühen, häuten und würfeln. Zwiebel und Knoblauch schälen und fein würfeln. Möhre putzen und schälen, Staudensellerie und Aubergine waschen und putzen. Pilze putzen und abreiben. Alle Gemüsesorten fein würfeln.

2 Das Öl in einem großen Topf erhitzen, Zwiebel und Knoblauch darin andünsten. Möhren, Staudensellerie, Aubergine und Pilze dazugeben und 5 Min. mitdünsten. Tomaten und Tomatensaft einrühren, mit Oregano würzen. Alles aufkochen und offen bei mittlerer Hitze 30 Min. kochen lassen, dabei mehrfach umrühren. Mit Salz, Pfeffer und Essig abschmecken. Die Sauce in saubere, heiß ausgespülte Twist-off-Gläser füllen, Gläser verschließen und 5 Min. auf den Deckel stellen. Dann umdrehen und erkalten lassen. Die Sauce hält sich im Kühlschrank 2–3 Wochen.

Genuss-Tipp *Wer will, streicht die Bolognese vor dem Abfüllen durch ein Sieb oder die Flotte Lotte. Ob glatt oder stückig – sie schmeckt super zu Pasta und Reis, zu Fisch und Fleisch oder in Suppen und Eintöpfen.*

Für 2 Gläser à 500 ml

VEGAN

500 g vollreife Tomaten
1 Zwiebel
1 Knoblauchzehe
1 Möhre
1 Stange Staudensellerie
150 g Aubergine
200 g Champignons
2 EL Olivenöl
200 ml Tomatensaft
1 TL getrockneter Oregano
Meersalz | Pfeffer
1 EL Aceto balsamico

Zubereitung: 50 Min.
Pro Portion (ca. 250 g):
ca. 4 g EW, 6 g F, 8 g KH

Gemüse-Antipasti

Gemüse-Bolognese

TO GO

Für 2 Personen

150 g grüne TK-Prinzess-
bohnen | Meersalz

150 g Kirschtomaten

1 rote Paprikaschote

2 Artischockenherzen (Dose)

1 weiße Zwiebel | 1 Kopfsalat

½ Knoblauchzehe

2–3 EL Weißweinessig

Pfeffer | 6 EL Gemüsebrühe

3 EL Olivenöl

6 schwarze Oliven mit Stein

1 EL Kapern

1 Dose Thunfisch im eigenen Saft
(120 g Abtropfgewicht)

2 hart gekochte Eier (Größe M)

Zubereitung: 25 Min.
Pro Portion:
ca. 30 g EW, 26 g F, 19 g KH

Nizza-Salat

1 Die grünen Bohnen in Salzwasser 2–3 Min. kochen, heraus-nehmen, kalt abschrecken und abtropfen lassen. Kirschtomaten waschen und halbieren. Paprikaschote vierteln, putzen, waschen und in feine Streifen schneiden. Artischockenherzen vierteln. Zwiebel schälen und in feine Ringe schneiden. Salat putzen, waschen, trocken schleudern und in mundgerechte Stücke zupfen.

2 Eine Schüssel mit Knoblauch ausreiben. Darin Essig, Salz, Pfeffer, Brühe und Öl verquirlen. Oliven und Kapern abtropfen lassen. Mit Salat, grünen Bohnen, Paprikastreifen, Artischocken und Zwiebelringen in der Vinaigrette wenden.

3 Salat auf zwei Teller verteilen. Thunfisch abtropfen lassen und zerpflücken. Die Eier pellen, in Spalten schneiden und auf dem Salat verteilen. Das schmeckt dazu: pro Person 2 Scheiben Vollkornbaguette (ca. 40 g).

Veggie-Variante *Den Thunfisch weglassen und durch klein gewürfelten Räuchertofu ersetzen.*

Sommer-Brotsalat

1 Das Brot in 1 cm große Würfel schneiden. Den Knoblauch schälen und fein würfeln. Eine beschichtete Pfanne mit 2 TL Olivenöl einpinseln und erhitzen. Die Brotwürfel darin unter Wenden bei mittlerer Hitze 5 Min. braten, den Knoblauch kurz mitbraten. Brot vom Herd nehmen, salzen und mit 1 EL Zitronensaft beträufeln.

2 Inzwischen die Gurke waschen, putzen und streifig abschälen. Tomaten waschen und die Stielansätze entfernen, Gurke und Tomaten klein würfeln. Die Paprikaschote vierteln, putzen, waschen und in feine Streifen schneiden. Frühlingszwiebeln putzen, waschen und in Ringe schneiden. Das Gemüse mit dem Brot in einer Schüssel gut mischen.

3 Den übrigen Zitronensaft mit Essig, Salz, Pfeffer und restlichem Öl verrühren. Petersilie waschen und trocken schütteln, die Blätter abzupfen, fein hacken und untermischen. Das Dressing über den Salat träufeln und untermengen. Den Salat sofort servieren.

Mitnehm-Tipp *Salat und Vinaigrette getrennt verpacken und beides erst in der Mittagspause vermischen.*

Für 2 Personen

4 Scheiben Vollkornbaguette (ca. 80 g)
1 Knoblauchzehe
3 EL Olivenöl | Meersalz
2 EL Zitronensaft
½ Bio-Salatgurke
2 Eiertomaten
1 kleine grüne Paprikaschote
3 Frühlingszwiebeln
1 EL weißer Aceto balsamico
Pfeffer | ½ Bund Petersilie

TO GO

Zubereitung: 25 Min.
Pro Portion:
ca. 7 g EW, 16 g F, 27 g KH

SCHNELL

Für 2 Personen

1 Zwiebel
1 Knoblauchzehe
400 g Kirschtomaten
4 Stiele Petersilie
Meersalz
80 g Linguine
2 EL Olivenöl
50 g schwarze Oliven (ohne Stein)
1 ½ EL Kapern (Glas)
Pfeffer
150 g Ricotta

Zubereitung: 20 Min.
Pro Portion:
ca. 14 g EW, 26 g F, 36 g KH

Tomaten-Pasta

1 In einem Topf reichlich Wasser für die Nudeln aufkochen. Inzwischen die Zwiebel schälen, halbieren und die Hälften in feine Streifen schneiden. Den Knoblauch schälen und in dünne Scheiben schneiden. Die Tomaten waschen und halbieren. Die Petersilie waschen und trocken schütteln, die Blätter abzupfen und grob hacken.

2 Das Nudelwasser salzen. Die Linguine darin nach Packungsangabe bissfest garen. Inzwischen das Öl in einem Topf erhitzen, Zwiebel und Knoblauch darin bei mittlerer Hitze 2 Min. dünsten. Tomaten dazugeben, 5 EL Nudelkochwasser dazugießen und alles zugedeckt bei mittlerer Hitze 5 Min. kochen lassen. Oliven und Kapern abtropfen lassen, mit der Petersilie unter die Tomatensauce mischen, mit Salz und Pfeffer würzen.

3 Nudeln abgießen, kurz abtropfen lassen und sofort mit der Tomatensauce mischen. Ricotta in Flöckchen darauf verteilen. Pasta sofort servieren.

Genuss-Tipp *Fans der griechischen Küche ersetzen den Ricotta durch 100 g zerbröckelten Manouri, einen cremig-milden Schafskäse, der nicht in Salzlake eingelegt wird.*

Garnelen-Penne

1 Die Garnelen abbrausen und trocken tupfen. Spargel im unteren Drittel schälen und die Enden abschneiden, die Stangen schräg dritteln. Erbsen antauen lassen. Zwiebel und Knoblauch schälen und fein würfeln. Nudeln in reichlich Salzwasser nach Packungsangabe bissfest garen.

2 In einer großen Pfanne 1 EL Öl erhitzen, die Garnelen darin bei mittlerer Hitze rundherum 2–3 Min. anbraten. Herausnehmen, mit Salz und Pfeffer würzen. Das übrige Öl in derselben Pfanne erhitzen, Spargel, Zwiebel und Knoblauch darin unter Rühren 4 Min. braten. Erbsen dazugeben und 1 Min. mitbraten. Mit Salz, Pfeffer und Zitronenschale würzen.

3 Nudeln abgießen, dabei 100 ml Kochwasser auffangen. Garnelen, Nudelkochwasser und Sahne in die Pfanne geben und 3–4 Min. kochen lassen. Die Nudeln untermischen, salzen und pfeffern. Das Basilikum waschen und trocken schütteln, die Blätter abzupfen, grob hacken und über die Nudeln streuen. Sofort servieren.

Veggie-Variante *Die Garnelen durch neutralen Tofu ersetzen und wie beschrieben im heißen Öl anbraten.*

Für 2 Personen

SCHNELL

250 g rohe geschälte Garnelen
500 g grüner Spargel
75 g TK-Erbsen
1 Zwiebel
1 Knoblauchzehe
80 g Dinkel-Penne
Meersalz
2 EL Olivenöl
Pfeffer
etwas abgeriebene Schale von
1 Bio-Zitrone
5 EL Sahne
2 Stiele Basilikum

Zubereitung: 30 Min.
Pro Portion:
ca. 35 g EW, 21 g F, 39 g KH

Für 6 Personen

Für den Pizzateig:

150 g Dinkel-Vollkornmehl

150 g Dinkelmehl (Type 630)

½ Würfel Hefe (ca. 20 g)

3–4 EL Olivenöl

1 TL Meersalz

1 Prise Rohrohrzucker

Mehl zum Arbeiten

Für den Belag:

400 g Pizzatomaten (Dose)

2 TL scharfer Ajvar (Glas)

Meersalz | Pfeffer

2 junge Zucchini

200 g Mozzarella

12 schwarze Oliven mit Stein

1 Bund Rucola

Zubereitung: 25 Min.

Gehen: 1 Std.

Backen: 20 Min.

Pro Portion:

ca. 16 g EW, 17 g F, 36 g KH

1 Beide Mehlsorten in eine Schüssel geben, die Hefe dazubröckeln, 150 ml lauwarmes Wasser, Öl, Salz und Zucker hinzufügen. Alles mit den Knethaken des Handrührgeräts zu einem geschmeidigen und elastischen Teig verkneten, dann auf einer bemehlten Arbeitsfläche mit den Händen kräftig kneten. Den Teig zu einer Kugel formen und zugedeckt an einem warmen Ort 1 Std. gehen lassen.

2 Ca. 20 Min. vor Ende der Gehzeit den Backofen auf 220° vorheizen. Zwei Backbleche mit Backpapier auslegen. Tomaten mit Ajvar mischen, mit Salz und Pfeffer würzen. Zucchini waschen, putzen und in dünne Scheiben schneiden. Mozzarella in Scheiben schneiden, Oliven abtropfen lassen.

3 Den Teig sechsteln, jedes Sechstel auf einer bemehlten Arbeitsfläche zu einem Fladen ausrollen und auf die Bleche legen. Oder den Teig auf Backblechgröße ausrollen (1 Blech reicht). Tomatenmasse auf den Teig streichen, Zucchini, Mozzarella und Oliven darauflegen. Im Ofen (Mitte) nacheinander 20 Min. backen. Inzwischen Rucola waschen und trocken schütteln, putzen, klein schneiden, über die Pizzas streuen.

Pizza
mit Zucchini

Variante *Für eine Paprika-Zwiebel-Pizza den Pizzateig wie beschrieben zubereiten, sechsteln, ausrollen und auf zwei mit Backpapier ausgelegte Bleche legen. 2 kleine rote Zwiebeln schälen, in Spalten schneiden. 1 rote Paprikaschote halbieren, putzen, waschen und in feine Streifen schneiden. Beides in 1 EL Olivenöl in einer Pfanne 5 Min. dünsten. Pizzas mit Tomatenmasse (wie beschrieben) bestreichen, mit Paprika, Zwiebeln und 200 g Ricotta salata in Würfeln belegen. Mit Meersalz, Pfeffer und 1 TL Oregano würzen. Im vorgeheizten Ofen (Mitte) bei 220° nacheinander 20 Min. backen.*

Für 2 Personen

300 g reife Tomaten
1 kleine Zwiebel
1 Knoblauchzehe
1 EL Olivenöl
2 TL Tomatenmark
250 ml Gemüsebrühe
150 ml Tomatensaft
Meersalz | Pfeffer
120 g Ricotta
1 EL Basilikumpesto (siehe S. 58)
100 g Kirschtomaten
1 Stiel Basilikum

Zubereitung: 25 Min.
Pro Portion:
ca. 9 g EW, 18 g F, 9 g KH

Tomaten-Suppe

1 Die Tomaten waschen und die Stielansätze entfernen, Tomaten in Stücke schneiden. Zwiebel und Knoblauch schälen und fein würfeln.

2 Das Öl in einem Topf erhitzen, Zwiebel und Knoblauch darin 2 Min. dünsten. Tomaten und Tomatenmark einrühren. Brühe und Tomatensaft angießen, mit Salz und Pfeffer würzen. Die Suppe aufkochen und zugedeckt bei mittlerer Hitze 15 Min. kochen lassen.

3 Inzwischen für die Nocken Ricotta mit Pesto glatt rühren, salzen und pfeffern. Die Kirschtomaten waschen, halbieren, in der Suppe 2–3 Min. ziehen lassen. Suppe mit Salz und Pfeffer würzen, auf Suppenteller verteilen.

4 Von der Pesto-Ricotta-Masse mit einem feuchten Esslöffel Nocken abstechen und auf die Tomatensuppe geben. Basilikum waschen und trocken schütteln, die Blätter abzupfen und die Suppe damit garniert servieren. Das schmeckt dazu: pro Person 1 Dinkel-Vollkornbrötchen (ca. 45 g).

Paprika-Gazpacho

1 Die Gurke waschen, abtrocknen, putzen und streifig schälen. 50 g Gurke abnehmen, fein würfeln und beiseitelegen, den Rest grob zerschneiden. Die Paprikaschote halbieren, putzen, waschen und nach Belieben mit einem Sparschäler schälen. ¼ Paprikaschote in feine Würfel schneiden und beiseitelegen, den Rest grob zerschneiden. Zwiebel und Knoblauch schälen und fein würfeln.

2 Das Baguette entrinden und würfeln. Gurken- und Paprikastücke, Brot, Zwiebel, Knoblauch, Tomaten samt Saft und 5 EL Wasser in einen Standmixer geben und glatt pürieren. Öl und Essig untermixen. Gazpacho mit Salz, Pfeffer und Zucker würzen und 1 Std. kalt stellen.

3 Vor dem Servieren Gazpacho auf Suppenteller oder in Gläser verteilen, mit gewürfeltem Gemüse bestreut servieren.

Gäste-Tipp *In einer Schüssel auf zerstoßenem Eis angerichtet, passt diese erfrischende Gemüsekaltschale auch super zu einem Sommerbüfett.*

Für 2 Personen

½ Bio-Salatgurke
1 kleine rote Paprikaschote
1 kleine weiße Zwiebel
1 kleine Knoblauchzehe
2 Scheiben Vollkornbaguette
(ca. 20 g)
1 Dose geschälte Tomaten
(480 g Inhalt)
2 EL Olivenöl
2–3 TL Rotweinessig
Meersalz | Pfeffer
1 Prise Rohrohrzucker

Zubereitung: 20 Min.
Kühlen: 1 Std.
Pro Portion:
ca. 6 g EW, 11 g F, 20 g KH

Fisch-Minestrone

1 Das Gemüse je nach Sorte waschen und putzen oder schälen. Brokkoli in Röschen teilen, Staudensellerie, Möhren und Zucchini in Scheiben schneiden. Zwiebel und Knoblauch schälen und würfeln.

2 Das Öl in einem Topf erhitzen, Zwiebel und Knoblauch darin 2–3 Min. andünsten. Gemüse hinzufügen, kurz mitdünsten. Brühe angießen, aufkochen und das Gemüse zugedeckt bei mittlerer Hitze in 10–12 Min. garen. Inzwischen die Nudeln in Salzwasser nach Packungsangabe bissfest garen, dann abgießen und abtropfen lassen.

3 Den Fisch abbrausen, trocken tupfen und in mundgerechte Stücke schneiden, salzen und pfeffern. Tomaten waschen und die Stielansätze entfernen. Tomaten vierteln, entkernen und würfeln. Fisch und Tomaten in die Suppe geben, zugedeckt 4–5 Min. ziehen lassen. Die Nudeln dazugeben, kurz erhitzen. Die Suppe mit Salz und Pfeffer abschmecken und mit je 1 TL Pesto obendrauf servieren.

Veggie-Variante *Statt Fisch und Nudeln 240 g abgetropfte weiße Bohnen aus der Dose in die Suppe geben.*

Für 2 Personen

SCHNELL

300 g gemischtes Gemüse
(z. B. Brokkoli, Staudensellerie,
Möhren, junge Zucchini)
1 Zwiebel | 1 Knoblauchzehe
1 EL Olivenöl
500 ml Gemüsebrühe
60 g Mininudeln (z. B. Ditalini)
Meersalz
250 g Fischfilet (z. B. Kabeljau,
Rotbarsch) | Pfeffer
2 Eiertomaten
2 TL Basilikumpesto (siehe S. 58;
oder aus dem Glas)

Zubereitung: 30 Min.
Pro Portion:
ca. 29 g EW, 9 g F, 28 g KH

Paprika-Gazpacho

Fisch-Minestrone

TO GO

Für 2 Personen

1 kleine Zwiebel

1 Knoblauchzehe

2 ½ EL Olivenöl

1 Dose Kichererbsen (250 g Abtropfgewicht)

4 Stiele Petersilie

½ EL Tahin (Sesammus)

1–2 EL Kichererbsenmehl

½ TL gemahlener Kreuzkümmel

Meersalz | Pfeffer

25 g Bärlauch (ersatzweise Schnittlauch und Knoblauch)

150 g Magerquark

2 EL Naturjoghurt

½ Bio-Salatgurke (ca. 200 g)

Zubereitung: 30 Min.
Pro Portion:
ca. 20 g EW, 18 g F, 24 g KH

Falafel mit Zaziki

1 Zwiebel und Knoblauch schälen und fein würfeln. ½ EL Öl in einer Pfanne erhitzen, beides darin glasig dünsten, abkühlen lassen. Inzwischen die Kichererbsen abgießen, abbrausen und abtropfen lassen. Petersilie waschen und trocken schütteln, die Blätter abzupfen und grob hacken.

2 Beides mit Zwiebelmix und Tahin in ein Rührgefäß geben und mit einem Pürierstab fein pürieren. 1 EL Kichererbsenmehl, Kreuzkümmel, Salz und Pfeffer hinzufügen und alles gut mischen. Falls die Masse zu weich ist, noch etwas Kichererbsenmehl unterkneten. Aus der Masse 12 Bällchen formen und etwas flach drücken.

3 Das übrige Öl in einer großen Pfanne erhitzen, die Bällchen darin bei mittlerer Hitze rundherum in 3–4 Min. goldbraun braten. Dann auf Küchenpapier kurz abtropfen lassen.

4 Inzwischen für den Dip den Bärlauch putzen, waschen, trocken tupfen und in feine Streifen schneiden. Mit Quark und Joghurt verrühren, salzen und pfeffern. Die Gurke waschen, abtrocknen, streifig schälen, längs halbieren und entkernen. Die Gurkenhälften grob raspeln und unter den Quark mischen. Den Dip mit den Falafeln servieren. Das schmeckt dazu: ein gemischter Blattsalat mit GLYX-Vinaigrette (siehe S. 108).

Tomaten-Saltimbocca

1 Die Fleischscheiben flach streichen, trocken tupfen, salzen und pfeffern. Schinken längs halbieren. Fleisch mit je 1 Salbeiblatt und 1 Stück Schinken belegen, beides mit einem kleinen Holzspieß auf dem Fleisch feststecken.

2 Stielansätze der Tomaten entfernen. Tomaten kurz überbrühen, häuten, vierteln, entkernen und in kleine Würfel schneiden. Möhre putzen, schälen und fein würfeln. Zwiebel und Knoblauch schälen und in sehr feine Würfel schneiden. 1 EL Öl in einer Pfanne erhitzen, Möhre, Zwiebel und Knoblauch darin bei mittlerer Hitze 2–3 Min. dünsten. Die Tomaten hinzufügen, bei kleiner Hitze weitere 5 Min. dünsten. Salzen, pfeffern und die Kapern unterrühren.

3 Gleichzeitig das übrige Öl und die Butter in einer zweiten Pfanne erhitzen. Das Fleisch darin mit dem Salbei nach oben 2 Min. braten, salzen und pfeffern. Saltimbocca wenden und weitere 1–2 Min. braten, salzen und pfeffern. Fleisch mit dem Tomatenragout anrichten. Das schmeckt dazu: pro Person 2 Scheiben Vollkornbaguette (ca. 40 g).

Veggie-Variante *Anstelle der Kalbsschnitzelchen und des Schinkens Scheiben von Lupinenfilet braten.*

Für 2 Personen

NO CARB

4 dünne Scheiben
Kalbslende (à ca. 50 g)
Meersalz | Pfeffer
2 Scheiben Parmaschinken
(ca. 30 g)
4 Salbeiblätter
2 große Fleischtomaten
(ca. 400 g) | 1 Möhre
1 kleine Zwiebel
1 Knoblauchzehe
2 EL Olivenöl
2 TL kleine Kapern (Glas)
1 TL Butter
Außerdem:
4 kleine Holzspieße

Zubereitung: 40 Min.
Pro Portion:
ca. 28 g EW, 16 g F, 8 g KH

Für 2 Personen

1 Zwiebel

1 Knoblauchzehe

je 1 kleine rote und gelbe
Paprikaschote

1 junger Zucchino

150 g Aubergine

150 g Eiertomaten

1 Zweig Rosmarin

4 Zweige Thymian

2 ½ EL Olivenöl

1 TL Tomatenmark

Meersalz | Pfeffer

100 ml Gemüsefond (Glas)

250 g Lammlachse

Zubereitung: 40 Min.

Garen: 30 Min.

Pro Portion:

ca. 29 g EW, 20 g F, 15 g KH

1 Die Zwiebel schälen und sechsteln. Knoblauch schälen und in dünne Scheiben schneiden. Die Paprikaschoten halbieren, putzen, waschen und in mundgerechte Stücke schneiden. Zucchino waschen, putzen, längs halbieren und in 3 cm große Stücke schneiden. Aubergine putzen, waschen, längs vierteln und in 1 cm dicke Stücke schneiden. Tomaten waschen und die Stielansätze entfernen, Tomaten vierteln. Rosmarin und Thymian waschen und trocken schütteln.

2 Den Backofen auf 180° vorheizen. 2 EL Öl in einem kleinen Bräter erhitzen, Zwiebel und Knoblauch darin 1 Min. andünsten. Aubergine und Zucchino dazugeben und 3 Min. mitdünsten. Paprikastücke hinzufügen und 2 Min. mitbraten. Tomatenmark und Kräuter unterrühren, mit Salz und Pfeffer würzen. Den Fond angießen, aufkochen und 2 Min. kochen lassen. Gemüse offen im Ofen (unten) in 20 Min. garen, nach 10 Min. die Tomaten unterheben.

3 Inzwischen die Lammlachse trocken tupfen, mit Salz und Pfeffer würzen. In einer Pfanne das übrige Öl erhitzen, die Lammlachse darin auf jeder Seite 2–3 Min. braten. Das Fleisch auf das Ratatouille legen und alles im abgeschalteten Ofen 10 Min. ziehen lassen. Das Fleisch in Scheiben schneiden und mit dem Gemüse auf vorgewärmten Tellern anrichten. Das schmeckt dazu: pro Person 2 Scheibchen Vollkornbaguette (ca. 40 g) oder 2 kleine Pellkartoffeln (ca. 100 g).

Lamm auf Ratatouille

Veggie-Variante *Statt Fleisch 3 Scheiben Halloumi-Käse (à 100 g) ohne vorher anzubraten auf das Gemüse legen und wie beschrieben im abgeschalteten Ofen ziehen lassen.*

Halloumi-Schaschlik

Für 2 Personen: **1 gelbe Paprikaschote** in Stücke, **1 junger Zucchino** in Scheiben, **2 kleine rote Zwiebeln** in Spalten schneiden. **250 g Halloumi** in große Würfel schneiden, im Wechsel mit Gemüse auf **6 Schaschlikspieße** stecken. **1 EL Olivenöl** mit **1 TL getrocknetem Oregano** verrühren. Spieße damit einpinseln, in einer beschichteten Pfanne in ½ **EL Olivenöl** in 5 Min. anbraten, herausnehmen. **1 ½ EL Tomatenmark, 200 g passierte Tomaten (Dose)** und **200 ml Gemüsebrühe** in die Pfanne geben und 5 Min. dünsten. Spieße in der Sauce zugedeckt 5 Min. ziehen lassen.

Pro Portion: ca. 31 g EW, 41 g F, 11 g KH

Mediterrane Blitz ideen

Gemüse-Frittata

Für 2 Personen: **1 EL Olivenöl** in einer Pfanne erhitzen, **300 g italienisches TK-Pfannengemüse** darin 6–8 Min. braten, **salzen** und **pfeffern**. **3 Eier (Größe M)** mit **2 EL Milch, 2 EL geriebenem Parmesan, Meersalz** und **Pfeffer** verrühren, dazugießen und zugedeckt 5–6 Min. backen. Frittata wenden, weitere 4–5 Min. braten.

Pro Portion: ca. 15 g EW, 22 g F, 10 g KH

Brokkoli mit Hähnchen

Für 2 Personen: **400 g Brokkoliröschen** in **Salzwasser** 3 Min. garen, dann abtropfen lassen. **1 rote Chilischote** in Streifen, **1 Knoblauchzehe** in Scheiben und Brokkoli in **1 EL Olivenöl** 5 Min. braten, **salzen** und **pfeffern**. Mit **2 EL gehobeltem Parmesan** bestreuen. **300 g Hähnchenbrustfilet** in **1 EL Olivenöl** 8–10 Min. braten, salzen, pfeffern.

Pro Portion: ca. 41 g EW, 21 g F, 5 g KH

Peperonata mit Schafskäse

Für 2 Personen: **500 g rote und gelbe Paprikaschoten** halbieren, putzen, waschen, würfeln. **1 Zwiebel** schälen, in Spalten teilen, **1 Knoblauchzehe** schälen, in Scheiben schneiden, beides in **2 EL Olivenöl** glasig dünsten. Paprika hinzufügen, 2–3 Min. mitdünsten. Mit **1 TL getrocknetem Thymian, Meersalz, Pfeffer, 2 EL Aceto balsamico** würzen. Zugedeckt 10 Min. schmoren. **200 g Schafskäse (Feta)** in Scheiben auf das Gemüse legen, ohne Hitze zugedeckt 5 Min. ziehen lassen.

Pro Portion: ca. 20 g EW, 30 g F, 17 g KH

bunt &würzig

Gurken-Basilikum-Suppe

Für 2 Personen: **500 g Salatgurke** schälen, längs halbieren, entkernen, würfeln. Mit **1 gewürfelten Zwiebel** in **1 EL Olivenöl** 3 Min. dünsten. Abgekühlt mit **8 Basilikumblättern** und **400 ml Gemüsefond (Glas)** pürieren. Mit **Meersalz, Pfeffer** und **1–2 TL Zitronensaft** würzen. **2 EL Naturjoghurt** verrühren, daraufgeben und mit Basilikum garnieren.

Pro Portion: 2 g EW, 6 g F, 5 g KH

Zucchini-Birnen-Salat

Für 2 Personen: **2 Zucchini** und **1 Birne** in Scheiben anrichten. **1 EL Weißweinessig, 2 EL weißer Aceto balsamico, 2 EL Gemüsebrühe, Salz, Pfeffer** und **3 EL Olivenöl** verquirlen. **2 getrocknete Tomaten** und **1 EL Walnüsse** hacken, unterrühren, über den Salat träufeln. **80 g Ziegenfrischkäse** darüberbröckeln.

Pro Portion: ca. 31 g EW, 50 g F, 10 g KH

Gut - Asiatisch - Gewokt

Was macht Asien in der simple-glyx-Küche? Asiatisches geht schnell, zaubert viel Aroma, erhält Vitamine und entgiftet.

Detox ganz nebenbei – da können wir uns vom fernen Osten ein bisschen was abgucken.

Asia-Gesundküche

Mit wenigen Zutaten zaubert man im Wok das gesündeste Blitzessen. Leicht und vitalstoffreich. Hühnchenfleisch, Räuchertofu, Bohnen und Chinakohl harren dort nur kurz unter großer Hitze aus. So bleibt das Gemüse knackig und verliert weder Aroma noch Vitamine.

Curry und Kurkuma unterstützen die Entgiftung genauso wie Koriandergrün, ganz besonders in Kombi mit Knoblauch. Machen Sie sich mal einen Smoothie aus 500 g Joghurt und je 1 TL Curry, Kurkuma, frisch geriebenem Ingwer und Koriander. Wem's schmeckt, der kann Koriander-Pesto (siehe S. 77) unters Süppchen rühren oder auf einem Stück Kohlrabi knabbern.

Frischer Ingwer fördert die Verdauung – und regt die Thermogenese an. Vor dem Essen 2 Scheibchen mit Zitronensaft beträufeln und kauen. Oder als Ingwerwasser genießen. 1 Liter Wasser mit 2 Ingwerscheiben, ¼ TL Kreuzkümmel, ½ TL Fenchelsamen würzen und 10 Minuten kochen lassen.

Für den Darm verschreibt der Inder: Lassi. Einen superleckeren Joghurtdrink – mit Früchten oder mit frischen Kräutern. Stockt die Eiweißformel auf, da Inder meist vegetarisch essen. Sorgt für eine anständige Bakterienkultur, die uns schlank, supergesund und glücklich macht.

Lust auf ein Asia-Menü? Servieren Sie Misosuppe mit Tofu (siehe S. 80), Fried Rice mit Ei (siehe S. 84), dann Himbeer-Seidentofu-Sorbet (siehe S. 132).

3 Simple -GLYX -Regeln

1. Glyxniedrig wählen: Jasminreis, Klebereis und weißer Basmatireis haben einen hohen glykämischen Index. Besser zu Naturreis oder Wildreis greifen. 40 g Rohgewicht locken kaum Insulin. Gibt's auch in der Schnell-Koch-Form parboiled. Eine Alternative sind Glasnudeln aus Mungobohnen. Die sind glyxgrün. Achten Sie darauf, dass sie aus der puren Mungobohne sind. Auch Sojanudeln sind glyxgrün und liefern viel Eiweiß.

2. Vorsicht Transfette: Zum Woken passen Öle, die einen hohen Rauchpunkt haben. Sobald das Öl zu rauchen beginnt, bilden sich gefährliche Transfettsäuren. Woktauglich: natives, ungehärtetes Kokosöl und auch mal Erdnussöl. Man kann auch Olivenöl verwenden, muss dann aber aufpassen, dass es nicht zu heiß wird. Wenn Sie Rapsöl wählen, dann funktioniert nur raffiniertes Öl.

3. Macht die Abendkalorie dicker? Es kommt nicht darauf an, wie viele Kalorien Sie abends essen, sondern was Sie genießen. Wählen Sie etwas Asiatisches statt Hausmannskost (Kohlenhydrate kombiniert mit Fett). No Carb gibt's auch in der Asia-Küche. Fisch mit Pak Choi darf man ruhig auch abends genießen.

Tofu & Lupinenfilet

Tofu ist das Fleisch des Veganers. Der puddingartige »Seidentofu« ist ein idealer Quarkersatz und mit Gewürzen und Kräutern ein super Dip oder Aufstrich. Fester Tofu eignet sich zum Braten, schmeckt lecker im Wokgemüse. Die heimische Lupine steht der asiatischen Sojapflanze in nichts nach. Sie versorgt uns mit essenziellen Aminosäuren und 40 Prozent Eiweiß. Anders als Soja enthält die Lupine keine gichtfördernden Purine. Die Lupine gibt's als Geschnetzeltes oder Würstchen, Schnitzel oder Steak – und auch als Drink, Joghurt, Quark. Ihr Mehl steckt oft im eiweißreichen Low-Carb-Brot.

Santoku-Messer

Übersetzt bedeutet das japanische Wort Santoku »drei Tugenden«. Das weist darauf hin, dass das Messer mit der großen Klinge sowohl durch Fleisch als auch Fisch und Gemüse wie durch Butter gleitet. Da wird das Schnippeln der Zutaten plötzlich zur Lieblingsaufgabe. Gibt's von verschiedenen Herstellern in unterschiedlichen Formen, Größen und Preislagen.

NO CARB

Für ca. 1,5 kg

150 g Möhren

150 g grüner Spargel

150 g Zuckerschoten

8 Mini-Maiskölbchen (frisch oder aus dem Glas)

2 kleine Zucchini

1 Bund Frühlingszwiebeln

200 g Baby-Pak-Choi

100 g Shiitakepilze

Meersalz

100 g Mungobohnensprossen

Zubereitung:

30 Min. (+ Abkühlen)

Pro Portion (ca. 250 g):

ca. 4 g EW, 1 g F, 6 g KH

Asia-Gemüse-Mix

1 Alle Gemüsesorten waschen, putzen oder schälen. Die Möhren schräg in Scheiben und den Spargel in 3–4 cm breite Stücke schneiden. Zuckerschoten und Maiskölbchen diagonal halbieren. Zucchini in Scheiben schneiden. Frühlingszwiebeln schräg in 3 cm breite Abschnitte, Pak Choi in 2 cm breite Streifen schneiden. Die Stiele der Pilze entfernen, die Kappen je nach Größe halbieren oder vierteln. Die Sprossen ganz lassen.

2 In einem großen Topf reichlich Salzwasser aufkochen, das vorbereitete Gemüse darin nacheinander sprudelnd vorgaren: Möhren und Spargel 4–5 Min., Zuckerschoten und Maiskölbchen 2 Min., Zucchini, Shiitakepilze und Frühlingszwiebeln 1 Min. Zum Schluss Sprossen und Pak Choi 30 Sek. ins Kochwasser tauchen. Jede Gemüsesorte herausheben, sofort in eine Schüssel mit kaltem Wasser und Eiswürfeln tauchen, abtropfen und abkühlen lassen. Das ganze Gemüse mischen und portionsweise einfrieren.

Genuss-Tipp *Schneller geht's nicht: Der »neutrale« Gemüsemix kommt in Suppen und Salate oder wird im Wok kurz angebraten und asiatisch gewürzt.*

Chinakohl-Kimchi

1 Chinakohl waschen und putzen, die Blätter ohne den Strunk längs halbieren und quer in 4 cm breite Streifen schneiden. Rettich schälen, längs halbieren oder vierteln und in dünne Scheiben schneiden. Beides in eine Schüssel geben und mit Salz bestreuen, 3–4 Std. stehen lassen.

2 Dann die Kohlmischung mit den Händen 2–3 Min. durchkneten, die gezogene Flüssigkeit abgießen. Ingwer und Knoblauch schälen und fein würfeln. Frühlingszwiebeln putzen, waschen, weiße und hellgrüne Teile fein würfeln. Ingwer, Knoblauch, Frühlingszwiebeln, Chilipulver, Sojasauce, Essig und Zucker unter den Kohl mischen. Gemüsemix in große Gläser füllen, dabei etwas andrücken. Gläser fest verschließen und an einem kühlen Ort mindestens 24 Std. stehen lassen, in den Kühlschrank stellen. Kimchi hält sich 2–3 Wochen.

Genuss-Tipp *Die koreanische Spezialität ist eine tolle Basis für Eintöpfe, Schmorgerichte und schmeckt zu Reis. Vor dem Servieren mit geröstetem Sesamöl beträufeln.*

Für 2 Gläser à 750 ml

NO CARB

1 Chinakohl (ca. 1,2 kg)

200 g schlanker Rettich

1 EL Meersalz

1 Stück frischer Ingwer (ca. 2 cm)

2 Knoblauchzehen

2 Frühlingszwiebeln

1 EL asiatisches Chilipulver

125 ml helle Sojasauce

125 ml Reis- oder Obstessig

2–3 TL Rohrohrzucker

Zubereitung: 30 Min.

Marinieren: 28 Std.

Pro Portion (ca. 185 g):

ca. 3 g EW, 0 g F, 7 g KH

Koriander-Pesto

1 Petersilie und Koriandergrün waschen und trocken schütteln, die Blätter abzupfen. Chilischote längs aufschneiden, entkernen, waschen und klein schneiden. Knoblauch und Ingwer schälen und fein würfeln.

2 Alles in einen Blitzhacker geben und mit Meersalz fein pürieren. Dann die Cashewnusskerne hinzufügen, das Öl nach und nach einlaufen lassen und kurz durchmixen.

3 Das Pesto mit Limettensaft, Limettenschale und Pfeffer abschmecken und in ein sauberes Twist-off-Glas füllen, mit einer Schicht Öl bedecken. Im Kühlschrank hält es sich 2–3 Wochen. Das schmeckt dazu: Pro Person 40 g japanische Buchweizen- oder Sojanudeln nach Packungsangabe in Salzwasser garen, abgießen und abtropfen lassen. Mit Pesto mischen und sofort servieren. Bleibt »No Carb« mit Zucchinispaghetti.

Genuss-Tipp *Koriander-Pesto schmeckt nicht nur zu Pasta. Es verleiht auch Wokpfannen, asiatischen Suppen und Salaten eine raffinierte Würze oder passt ausgezeichnet als Dip zu gedämpftem Fisch.*

Für 1 Glas von 150 ml

VEGAN

1 Bund Petersilie
1 Bund Koriandergrün
1 kleine grüne Chilischote
1 Knoblauchzehe
1 Stück frischer Ingwer (ca. 1 cm)
½ TL Meersalz
30 g grob gehackte Cashewnusskerne
6 EL Olivenöl
1–2 EL Limettensaft
abgeriebene Schale von
½ Bio-Limette | Pfeffer
Olivenöl zum Bedecken

Zubereitung: 15 Min.
Pro Portion (ca. 35 g):
ca. 2 g EW, 21 g F, 3 g KH

Asia-Gemüse-Mix

Chinakohl-Kimchi

Für 2 Personen

1 Knoblauchzehe
1 Stück frischer Ingwer (ca. 2 cm)
1 rote Chilischote
4 EL helle Sojasauce
300 g Hähnchenbrustfilet
60 g breite Mungobohnennudeln
1 kleine Möhre
1 rote Spitzpaprikaschote
2 Frühlingszwiebeln
1 Bio-Minigurke
100 g Sprossenmix (z. B. Linsen, Alfalfa, Rettich)
½ Bund Koriandergrün
3 EL Limettensaft
1 TL flüssiger Akazienhonig
2 EL Erdnussöl
Außerdem:
6–8 Satéspieße

Zubereitung: 1 Std.
Pro Portion:
ca. 39 g EW, 21 g F, 41 g KH

1 Die Satéspieße wässern. Knoblauch und Ingwer schälen und fein würfeln. Die Chilischote längs aufschneiden, entkernen, waschen, winzig klein würfeln. Alles mit Sojasauce verrühren. Hähnchenbrustfilet abbrausen, trocken tupfen und längs in 6 Streifen schneiden, mit der Hälfte der Marinade mischen und 10 Min. marinieren. Die Mungobohnennudeln mit kochend heißem Wasser bedecken und 10 Min. quellen lassen.

2 Inzwischen das Gemüse putzen und waschen. Möhre in Stifte, Paprikaschote in feine Streifen und Frühlingszwiebeln in dünne Ringe schneiden. Die Gurke längs halbieren, entkernen und in dünne Scheiben schneiden. Die Sprossen abbrausen und abtropfen lassen. Das Koriandergrün waschen und trocken schütteln, die Blättchen abzupfen. Die Nudeln abgießen und abtropfen lassen.

3 Für das Dressing die übrige Marinade mit Limettensaft, Honig und 1 EL Öl in einer Schüssel verrühren. Das vorbereitete Gemüse und die Mungobohnennudeln in der Marinade wenden und mit dem Koriandergrün bestreuen.

4 Die Hähnchenstreifen aus der Marinade heben, trocken tupfen und wellenartig auf Satéspieße stecken. Eine Grillpfanne mit dem übrigen Öl leicht einölen und erhitzen. Die Spieße darin portionsweise 3–4 Min. auf allen Seiten braten. Mit dem Asiasalat servieren.

Saté mit Asiasalat

Veggie-Variante *Statt Hähnchenbrustfilet am besten neutralen Tofu in Würfel schneiden, wie beschrieben marinieren, auf Spieße stecken und braten.*

Für 2 Personen

150 g Spitzkohl
1 kleine Möhre
2 Frühlingszwiebeln
1 Knoblauchzehe
1 Stück frischer Ingwer (ca. 2 cm)
1 EL Kokosöl
600 ml Gemüsebrühe
1 EL rote Misopaste (Bioladen,
Asienladen)
150 g neutraler Tofu
2 TL dunkle Sojasauce
½ Bund Schnittlauch

Zubereitung: 25 Min.
Pro Portion:
ca. 11 g EW, 1 g F, 7 g KH

Misosuppe mit Tofu

1 Den Spitzkohl waschen, halbieren, putzen und in Streifen schneiden. Möhre putzen, schälen und in feine Stifte schneiden. Frühlingszwiebeln putzen, waschen, weiße und hellgrüne Teile getrennt in dünne Ringe schneiden. Knoblauch und Ingwer schälen und fein würfeln.

2 Öl in einem Topf erhitzen, das Weiße der Frühlingszwiebeln, Möhren, Knoblauch und Ingwer darin 1–2 Min. andünsten. Brühe und Misopaste dazugeben und alles bei mittlerer Hitze 2–3 Min. kochen lassen, ab und zu umrühren.

3 Inzwischen den Tofu würfeln, mit dem Spitzkohl in die Brühe geben und bei mittlerer Hitze 3–4 Min. mitgaren. Die Suppe mit Sojasauce würzen. Schnittlauch waschen, trocken schütteln, in 2–3 cm lange Stücke schneiden. Mit dem Frühlingszwiebelgrün vor dem Servieren über die Suppe streuen.

Genuss-Tipp *Japaner lieben Misopaste, eine braune Gewürzcreme aus vergorenen Sojabohnen, Reis, Gerste oder Buchweizen und Salz. Je dunkler die Paste ist, desto kräftiger ist auch ihr Aroma. Miso immer sehr vorsichtig dosieren – es kann Salz ersetzen.*

Thai-Hühnersuppe

1 Hähnchenbrustfilet abbrausen, trocken tupfen, salzen und pfeffern. Die äußere Hülse vom Zitronengras entfernen, den Stängel in Stücke schneiden und flach klopfen. Chilischote putzen, waschen und in Ringe schneiden. Ingwer schälen und in Scheiben schneiden. Das Öl in einem Topf erhitzen. Hähnchenbrustfilet, Ingwer, Chili und Zitronengras darin bei mittlerer Hitze 4–5 Min. anbraten. Fond angießen und aufkochen, alles zugedeckt bei kleiner Hitze in 10 Min. garen.

2 Inzwischen die Glasnudeln überbrühen und 10 Min. quellen lassen. Lauch putzen, waschen und in dünne Ringe schneiden, mit der Kokosmilch in die Suppe rühren und 2–3 Min. mitkochen. Fleisch herausnehmen und in Scheiben schneiden, die Tomaten waschen. Beides in die Suppe geben und 2–3 Min. ziehen lassen. Mit Salz, Pfeffer und Limettensaft würzen, Zitronengras entfernen. Glasnudeln abtropfen lassen, in Stücke schneiden und auf tiefe Teller verteilen. Die Suppe daraufgeben und mit Koriandergrün bestreut servieren.

Vegan-Variante *Verwenden Sie neutralen Tofu statt Hähnchenbrustfilet – er nimmt gerne Asia-Aromen auf.*

Für 2 Personen

SCHNELL

200 g Hähnchenbrustfilet
Meersalz | Pfeffer
1 Stängel Zitronengras
1 rote Chilischote
1 Stück frischer Ingwer (ca. 2 cm)
1 EL Kokosöl
400 ml Gemüsefond (Glas)
60 g Glasnudeln
1 dünne Stange Lauch
1 kleine Dose Kokosmilch (200 ml)
100 g Kirschtomaten
1–2 TL Limettensaft
2 EL gehacktes Koriandergrün

Zubereitung: 25 Min.
Pro Portion:
ca. 26 g EW, 28 g F, 31 g KH

VEGAN

Für 2 Personen

250 g neutraler Tofu

200 g Zucchini

1 orange Paprikaschote

125 g Shiitakepilze

100 g Zuckerschoten

1 rote Zwiebel

100 ml Gemüsebrühe

3 EL dunkle Sojasauce

2 TL Limettensaft

½ TL Rohrohrzucker

2 EL Kokosöl | Pfeffer

1 EL ungesalzene Erdnusskerne

Zubereitung: 30 Min.
Pro Portion:
ca. 22 g EW, 22 g F, 23 g KH

Wokgemüse mit Tofu

1 Den Tofu trocken tupfen und würfeln. Alle Gemüsesorten putzen und waschen. Zucchini längs halbieren und in dünne Scheiben, Paprikaschote in feine Streifen schneiden. Von den Shiitakepilzen die Stiele entfernen, die Kappen halbieren. Zuckerschoten waschen, eventuell schräg halbieren. Zwiebel schälen, halbieren und in feine Spalten schneiden. Die Brühe mit 2 EL Sojasauce, Limettensaft und Zucker verrühren.

2 Im Wok 1 EL Öl erhitzen. Tofu darin unter Wenden bei großer Hitze 3–4 Min. braten. Herausnehmen, auf einen Teller legen und mit der übrigen Sojasauce beträufeln.

3 Das restliche Öl im Wok erhitzen. Zwiebeln, Zucchini, Pilze und Paprikastreifen darin unter ständigem Rühren 2–3 Min. braten. Zuckerschoten hinzufügen und 1–2 Min. mitbraten. Die Würzsauce angießen, den Tofu unterheben und kurz erhitzen. Das Wokgemüse mit Pfeffer würzen. Die Erdnüsse grob hacken und darüberstreuen. Das schmeckt dazu: Pro Person 40 g (roh) Naturreis oder Dinkel-wie-Reis (eine vollwertige Alternative zu Reis) garen.

Brokkoli-Seitan-Wok

1 Den Seitan in mundgerechte Stücke schneiden. Brokkoli waschen, putzen und in mittelgroße Röschen teilen, Stiele schälen und in kleine Würfel schneiden. Frühlingszwiebeln putzen, waschen, weiße und hellgrüne Teile schräg in 2–3 cm breite Stücke schneiden. Knoblauch und Ingwer schälen und hacken. Chilischote längs aufschneiden, entkernen, waschen und winzig klein würfeln. Brühe mit Orangensaft, Sojasauce, Sesamöl und Bindemittel sämig rühren.

2 Das Öl im Wok oder in einer großen Pfanne erhitzen. Knoblauch, Ingwer und Chili darin unter Rühren 1 Min. anbraten. Brokkoli, Frühlingszwiebeln, Cashewnusskerne und Seitan dazugeben und unter Rühren weitere 3–4 Min. braten.

3 Die Würzsauce unterrühren und aufkochen, dann bei kleiner Hitze 4–5 Min. kochen lassen, bis die Sauce eingedickt ist, dabei ab und zu umrühren. Mit Salz und Pfeffer abschmecken. Das schmeckt dazu: Pro Person 40 g (roh) parboiled Naturreis garen.

Genuss-Tipp *Wegen seiner bissfesten Beschaffenheit lässt sich Seitan sehr gut klein schneiden, marinieren, braten oder grillen.*

Für 2 Personen

200 g Seitan
500 g Brokkoli
3 Frühlingszwiebeln
1 Knoblauchzehe
1 Stück frischer Ingwer (ca. 2 cm)
1 rote Chilischote
250 ml Gemüsebrühe
3 EL Orangensaft
2–3 EL Sojasauce
1 TL dunkles Sesamöl
1 TL pflanzliches Bindemittel
(z. B. Guarkernmehl)
2 EL Erdnussöl
1 EL Cashewnusskerne
Meersalz | Pfeffer

VEGAN

Zubereitung: 30 Min.
Pro Portion:
ca. 30 g EW, 15 g F, 19 g KH

Für 2 Personen

80 g 10-Minuten-Naturreis
(parboiled)

Meersalz

2 kleine rote Zwiebeln

1 Knoblauchzehe

1 Stück frischer Ingwer (ca. 2 cm)

1 Möhre (ca. 100 g)

200 g Lauch

200 g Hähnchenbrustfilet

2 Eier (Größe M)

2 EL Erdnussöl

1–2 TL Sambal oelek

2 EL helle Sojasauce

½ TL Rohrohrzucker

1 EL Limettensaft

3–4 Stiele Koriandergrün
(nach Belieben)

Zubereitung: 30 Min.
Pro Portion:
ca. 36 g EW, 23 g F, 40 g KH

1 Den Reis in Salzwasser nach Packungsangabe garen, dann abgießen und abkühlen lassen. Inzwischen die Zwiebeln schälen, halbieren und in feine Spalten schneiden. Knoblauch und Ingwer schälen und fein würfeln. Die Möhre putzen, schälen, längs halbieren und schräg in dünne Halbscheiben schneiden. Den Lauch putzen, waschen, weiße und hellgrüne Teile schräg in ½ cm breite Scheiben schneiden. Hähnchenbrustfilet abbrausen, trocken tupfen und in 1–2 cm kleine Stücke schneiden. Die Eier mit 1 Prise Salz verrühren.

2 Das Öl im Wok oder in einer großen beschichteten Pfanne erhitzen. Zwiebeln, Knoblauch, Ingwer, Möhre und Lauch unter Rühren bei großer Hitze 2 Min. braten. Das Fleisch dazugeben und unter ständigem Rühren 2–3 Min. mitbraten. Die Mischung an den Wok- oder Pfannenrand schieben, die Eier in der Mitte kurz stocken lassen, mit einem Pfannenwender zerzupfen. Den Reis dazugeben und unter ständigem Rühren weitere 2–3 Min. mitbraten.

3 Sambal oelek mit Sojasauce, Zucker, 3 EL Wasser und Limettensaft verrühren und den Reis damit würzen. Nach Belieben Koriandergrün waschen und trocken schütteln, die Blätter abzupfen und darüberstreuen.

Genuss-Tipp *Der Bratreis gelingt besonders gut, wenn der Reis schon am Vortag gekocht wird. Alternativ können Sie auch gegarten Dinkel-wie-Reis (Vollwertprodukt) nehmen.*

Fried-
Rice mit Ei

Veggie-Variante *Mit Curry-Mango-Tofu statt mit Hähnchenbrustfilet schmeckt der Bratreis besonders aromatisch. Oder probieren Sie auch mal Lupinenfilet.*

Für 2 Personen

2 Bio-Pangasiusfilets
(à ca. 125 g; frisch
oder tiefgekühlt)
3 EL ungeschälte Sesamsamen
½ TL abgeriebene Schale von
1 Bio-Limette
1 Ei (Größe M)
Meersalz | Pfeffer
1 ½ EL Kichererbsenmehl
500 g Baby-Pak-Choi
1 Stück frischer Ingwer (ca. 2 cm)
2 ½ EL Kokosöl
2–3 EL Teriyakisauce (Asienregal)

Zubereitung: 30 Min.
Pro Portion:
ca. 23 g EW, 24 g F, 12 g KH

Fisch mit Pak Choi

1 TK-Fischfilets auftauen. Sesamsamen mit Limettenschale auf einem Teller mischen. Das Ei verquirlen. Die Fischfilets abbrausen, trocken tupfen, beidseitig salzen und pfeffern, zuerst in Kichererbsenmehl, dann in verquirltem Ei und im Sesam-Limettenschalen-Mix wenden.

2 Den Pak Choi putzen, waschen und längs halbieren. Den Ingwer schälen und in feine Stifte schneiden. 1 EL Öl im Wok erhitzen, Ingwer und Pak Choi darin unter Rühren bei mittlerer Hitze 1–2 Min. braten. Mit Teriyakisauce und Pfeffer würzen.

3 Gleichzeitig in einer beschichteten Pfanne das übrige Öl erhitzen, die Fischfilets darin bei mittlerer Hitze auf jeder Seite 4 Min. braten. Mit dem Pak Choi servieren. Das schmeckt dazu: Pro Person 40 g (roh) Natur-Basmatireis garen.

Veggie-Variante *Für Tofusticks mit Sesamkruste statt Fisch 250 g neutralen Tofu trocken tupfen und in 2 cm breite Streifen schneiden, würzen und wie im Rezept beschrieben panieren und braten.*

Auberginen-Curry

1 Die Auberginen waschen, putzen und in 1,5 cm große Würfel schneiden. Die Kichererbsen in ein Sieb abgießen, kalt abbrausen und abtropfen lassen. Zwiebel, Knoblauch und Ingwer schälen, alles fein würfeln.

2 Das Öl in einem Wok erhitzen, die Auberginen darin unter Rühren bei großer Hitze in 3–4 Min. braun braten. Zwiebel, Knoblauch und Ingwer hinzufügen und 2 Min. mitbraten. Die Currypaste einrühren, kurz andünsten. Dann die Tomaten, Brühe, Kokosmilch und Kichererbsen dazugeben. Alles aufkochen und zugedeckt bei mittlerer Hitze 15 Min. schmoren.

3 Inzwischen das Koriandergrün waschen und trocken schütteln, die Blätter abzupfen. Das Curry mit Salz, Pfeffer und Limettensaft abschmecken. Anrichten, mit Korianderblätter bestreuen und servieren.

Genuss-Tipp *Nach Belieben 1 EL Naturjoghurt glatt rühren und extra dazu reichen. Wenn Sie Sojajoghurt nehmen, schmeckt das Curry auch Veganern.*

Für 2 Personen

VEGETARISCH

400 g Auberginen

100 g Kichererbsen (Dose)

1 Zwiebel | 1 Knoblauchzehe

1 Stück frischer Ingwer (ca. 1 cm)

2 EL Kokosöl

2 TL rote Thai-Currypaste

200 g stückige Tomaten (Dose)

125 ml Gemüsebrühe

160 ml Kokosmilch (Dose)

3–4 Stiele Koriandergrün

Meersalz | Pfeffer

1–2 TL Limettensaft

Zubereitung: 30 Min.
Pro Portion:
ca. 13 g EW, 28 g F, 39 g KH

Gedämpfte Hähnchenbrust mit Spargel

Für 2 Personen: **2 Hähnchenbrustfilets (à 180 g)** abbrausen, trocken tupfen, mit **Meersalz, Pfeffer** und **2 TL abgeriebener Schale von 1 Limette** einreiben. **500 g grünen Spargel** putzen, schräg in dünne Scheiben schneiden. **1 Zwiebel** und **1 Stück Ingwer (ca. 1 cm)** schälen, fein würfeln und in **1 EL Kokosöl** im Wok andünsten. Spargel dazugeben, 2 Min. mitdünsten, **salzen** und **pfeffern**. **2 EL Orangensaft, 2 EL Sojasauce** und **150 ml Gemüsebrühe** angießen. Fleisch in einem Dämpfeinsatz auf den Spargel setzen, zugedeckt 12–15 Min. dämpfen. Mit **Koriandergrün** bestreut servieren.

Pro Portion: ca. 45 g EW, 16 g F, 9 g KH

Asia Blitz küche

Glasnudelsuppe

Für 2 Personen: **60 g Glasnudeln** nach Packungsangabe zubereiten. **1 EL Erdnussöl** im Topf erhitzen, **500 g TK-Wokgemüse** 5 Min. andünsten. Mit **700 ml Gemüsebrühe** aufgießen, aufkochen. **200 g neutralen Tofu** würfeln, mit abgetropften Glasnudeln hinzufügen. Mit **2–3 EL Sojasauce** würzen und mit **1 EL Korianderblättern** bestreuen.

Pro Portion: ca. 22 g EW, 10 g F, 36 g KH

Thunfisch-Carpaccio

Für 2 Personen: **200 g Rettich** schälen. Rettich und **300 g Thunfischfilet** in Scheiben schneiden, anrichten. **1 Stück Ingwer (ca. 1 cm)** reiben, **1 rote Chilischote** putzen, waschen, würfeln. Beides mit **2 EL Limettensaft, 3 EL Sojasauce, 2 EL Rapskern-** und **2 TL Sesamöl** verrühren, darüberträufeln. Mit **2 TL Sesamsamen** und **Koriandergrün** servieren.

Pro Portion: ca. 36 g EW, 38 g F, 6 g KH

Mangold-Dinkel-Wok

Für 2 Personen: **80 g Dinkel-wie-Reis** (Vollwertprodukt) garen. Von **500 g Mangold** die Blätter in Streifen schneiden, die Stiele würfeln. **1 Knoblauchzehe** schälen und fein hacken. **150 g Putenschnitzel** in Stücke schneiden und in **2 EL Erdnussöl** im Wok unter Rühren 2 Min. anbraten. Erst Knoblauch und Mangoldstiele 2 Min. mitbraten, dann Dinkel, Mangoldstreifen, **100 g Shrimps** und **1 TL Kurkumapulver** dazugeben und weitere 5 Min. pfannenrühren. Mit **2–3 EL Sojasauce, 1–2 TL Limettensaft** und **Pfeffer** würzen.

Pro Portion: ca. 40 g EW, 13 g F, 31 g KH

leicht&frisch

Gebratene Sprossen

Für 2 Personen: **300 g Mungobohnensprossen** abbrausen. **1 Bund Frühlingszwiebeln** putzen, waschen, in Stücke schneiden. **1 rote Chilischote** entkernen, waschen, in Streifen schneiden. **1 EL Erdnussöl** erhitzen, **50 g Erdnusskerne** darin 1–2 Min. braten. Sprossen, Chili und Zwiebeln zugeben, 2 Min. mitbraten. Mit **1 TL Sesamöl, 1–2 EL Sojasauce, Meersalz** und **Pfeffer** würzen.

Pro Portion: 15 g EW, 20 g F, 11 g KH

Gurken-Fisch-Pfanne

Für 2 Personen: **300 g Fischfilet** würfeln, mit **1 EL Zitronensaft** und **2 EL Sojasauce** marinieren. **1 rote Chilischote** und **1 cm Ingwer** würfeln, **4 Frühlingszwiebeln** und **500 g entkernte Gurke** in Scheiben schneiden. Alles in **2 EL Kokosöl** 3 Min. braten. Fisch, Marinade und **5 EL Gemüsebrühe** zugeben, alles 5 Min. dünsten. Mit **1–2 EL Sojasauce** und **Pfeffer** würzen.

Pro Portion: 22 g EW, 14 g F, 11 g KH

Landlustig - Saisonal - Trendy

Landlust heißt saisonal, alles aus Nachbars Garten, der ein Biobauer ist. Die Landküche macht uns glücklich.

Weil wir uns wieder Zeit nehmen für das Zweitwichtigste in unserem Leben: das Essen (kommt gleich nach dem Atmen!!!!). Und weil wir unser Essen wertschätzen. Wir wertschätzen es, indem wir Tomaten, Pilzen, Frühlingszwiebeln ... unsere Zeit schenken. Und so auf eine gewisse Art und Weise auch mal wieder »Danke!« sagen. Liebe Tomate, es ist so schön, dass es dich gibt.

Stadt und Land

Landlust 1: Ich lebe auf dem Land und arbeite in der Stadt. Wenn ich hier im oberbayerischen Chiemgau bin, dann gehe ich in den Hofladen Nitzinger in Eggstätt. Dort steht auf der Tafel am Eingang: »Heute Frühlingszwiebeln aus eigenem Anbau«. Und drinnen hole ich mir dann alles aus den bunten Kis-

ten, was aus eigenem Anbau ist, und mache daraus eine große Schüssel »knackige Landlust« pur. Wie den Kohlrabisalat nach Waldorf-Art (siehe S. 104). Oder das Apfel-Zwiebel-Relish von Seite 93.
Landlust 2: Wenn ich im Chiemgau bin, dann gehe ich in »s« kleine Wirtshaus. Dort hole ich mir Ideen für das, was ich meinen Gästen das nächste Mal auftischen werde. Samt den Gänseblümchen und Kapuzinerkresseblüten und den vielen, vielen frischen Landlust-Kräutern. Wie für das bunte Gemüse mit Sauce (siehe S. 101).

Lust auf ein Landlust-Menü? Servieren Sie eingelegten Ziegenkäse auf Salat (siehe S. 92), Pfifferling-Steak (siehe S. 96), dann Rhabarber-Trifle (siehe S. 126). Oder: Zwiebel-Schnittlauch-Käse (siehe S. 104), Dill-Forelle mit Gemüsesalat (siehe S. 98), Frozen Buttermilch (siehe S. 126).

3 Simple -GLYX -Regeln

1. Landlust-Regel: Wer sich zu 70 Prozent von Lebensmitteln aus der Natur ernährt, dem schaden auch 30 Prozent Genussmittel von den Förderbändern der Nahrungsmittelindustrie nicht.

2. Lebensenergie: Je unverarbeiteter ein Lebensmittel ist, desto mehr Lebensenergie schenkt es uns. Desto glücklicher macht es uns. Das kann man sogar messen: mit dem sogenannten Redoxpotenzial. Der Fähigkeit, freie Radikale unschädlich zu machen. Forscher stellten fest: »Bio« ist besser. Mit Liebe und Zeit erzeugte Lebensmittel liefern mehr Bioenergie als konventionell angebaute oder in der Fabrik schnell und billig hergestellte. Trotzdem darf man sonnengereifte Tomaten aus der Dose oder TK-Gemüse genießen.

3. Nutze die grüne Medizin: Ohne Kräuter ist alles nichts. Meine vielen Töpfe sind Landlust pur – und stehen natürlich auch in der Stadt auf dem Fensterbrett.

Glyx-Bringer: Vitamin-Wasser

Vitamin-Wasser gibt es inzwischen in jedem Supermarkt zu kaufen. Leider stecken da vor allem jede Menge Chemie und Zucker drin. Selbst gemacht schmeckt's viel besser. Dafür einfach über Nacht geschnippelte Früchte und Kräuter in einem Krug Wasser in den Kühlschrank stellen. Wenn es am nächsten Tag schön aussehen soll, die Früchte eventuell durch frische ersetzen. Mit Eiswürfeln oder Crushed Ice (siehe S. 29) auffüllen. Sooo lecker! Hier ein paar Kombinationen: Erdbeeren-Rosmarin, Blaubeeren-Salbei oder ganz einfach Zitronenscheiben und Minze.

Simple glyxlich: die Getreidemühle

Getreidekörner halten sich trocken und kühl gelagert jahrelang, ohne Vitalstoffe einzubüßen. Kaum mahlt man sie, rauben Licht, Luft und Wärme im Stundentempo die wertvollen Inhaltsstoffe. Was meinen Sie, was da noch im Supermarkt-Regal-Päckchen Mehl steckt? Wer Gesundheit und Geschmack will, mahlt sein Korn selbst. Aufwendig reinigen? Überflüssig! Mahlen Sie ab und zu sehr grob, so reinigt sich die Mühle von ganz allein. Und Müslifans besorgen sich dazu noch eine Flockenquetsche.

Gemüse-Chips

NO CARB

Für 4 Personen

1 große Möhre (ca. 100 g)
1 große Pastinake (ca. 100 g)
100 g Topinambur (ersatzweise
kleine festkochende Kartoffeln)
1 junger Zucchino (ca. 100 g)
Meersalz

Zubereitung: 15 Min.
Backen: 30 Min.
Pro Portion (ca. 40 g):
ca. 1 g EW, 0 g F, 5 g KH

1 Den Backofen auf 130° vorheizen. Ein Backblech mit Backpapier auslegen. Möhre, Pastinake und Topinambur putzen und schälen. Zucchino waschen, abtrocknen und putzen. Alle Gemüsesorten mit einem Gemüsehobel oder Messer in dünne Scheiben schneiden und auf dem Blech verteilen.
2 Das Gemüse im Backofen (unten) bei leicht geöffneter Backofentür 30–35 Min. rösten, nach 20 Min. wenden. Die Chips sind fertig, wenn sie beim Mischen rascheln.
3 Die Chips aus dem Ofen nehmen, mit etwas Salz bestreuen und abkühlen lassen. In einem luftdicht verschlossenen Behälter aufbewahren. Sie halten sich ca. 2 Wochen.

Genuss-Tipp *Die hauchdünnen Gemüsechips aus dem Ofen sind ein knuspriger Snack für zwischendurch. Wenn der kleine Hunger kommt, eine Handvoll davon knabbern oder mit einem Quarkdip genießen.*

Eingelegter Ziegenkäse

1 Den Knoblauch schälen. Die Zitrone heiß waschen und abtrocknen, mit einem Sparschäler 2 Schalenstreifen von je 5 cm abziehen. Restliche Zitrone anderweitig verwenden.
2 Kräuter waschen und trocken schütteln. Den Ziegenfrischkäse abwechselnd mit Knoblauch, Zitronenschale, Chilischoten, Rosmarin- und Thymianzweigen sowie den Wacholderbeeren in ein sauberes Glas schichten. Alles mit Olivenöl auffüllen, sodass der Ziegenkäse komplett bedeckt ist. Das Glas fest verschließen. Den Käse im Kühlschrank mindestens 1 Tag marinieren. So hält sich der Käse ca. 1 Woche.

Genuss-Tipp *Bei Bedarf den Ziegenfrischkäse einzeln entnehmen und mit frischem Vollkornbrot oder Vollkornbaguette zu Blatt- oder Gemüsesalaten reichen.*

Für 1 Glas von 400 ml

TO GO

2 Knoblauchzehen
1 Bio-Zitrone
2 Zweige Rosmarin
5 Zweige Thymian
6 Ziegenfrischkäsetaler (z. B. Picandou; à ca. 30 g)
2 getrocknete rote Chilischoten
5 Wacholderbeeren
300 ml Olivenöl

Zubereitung: 10 Min.
Bei 6 Personen pro Portion:
ca. 5 g EW, 13 g F, 1 g KH

Apfel-Zwiebel-Relish

1 Die Äpfel vierteln, schälen, entkernen und in kleine Stücke schneiden. Die Zwiebeln schälen und in kleine Würfel schneiden. Den Ingwer schälen und fein würfeln. Die Cranberrys waschen und grob hacken.

2 Äpfel, Zwiebeln, Ingwer und Cranberrys mit Zucker, Salz, Pfeffer, Senfkörnern und Lorbeerblatt in einen Topf geben. Den Essig dazugießen, aufkochen und offen bei mittlerer Hitze 25–30 Min. dicklich einkochen lassen. Zum Ende der Garzeit öfter umrühren, damit das Relish nicht anbrennt.

3 Das Lorbeerblatt entfernen und das heiße Relish in saubere Twist-off-Gläser füllen. Die Gläser sofort verschließen. Ungeöffnet hält sich das Relish mindestens 1 Jahr, geöffnet im Kühlschrank 2–3 Monate.

Genuss-Tipp *Das fruchtig-würzige Relish passt zu gebratenem Geflügel und Käse, aber auch zu kaltem Braten wie Roastbeef oder Putenbrust.*

Für 2 Gläser à 250 ml

VEGAN

2 säuerliche Äpfel
(z. B. Boskoop, ca. 350 g)
2 Zwiebeln (ca. 200 g)
1 Stück frischer Ingwer (ca. 3 cm)
60 g getrocknete Cranberrys
100 g Rohrohrzucker
1 TL Meersalz
¼ TL Pfeffer
1 TL Senfkörner
1 Lorbeerblatt
100 ml Weißweinessig

Zubereitung: 45 Min.
Pro Portion (ca. 60 g):
ca. 0 g EW, 0 g F, 23 g KH

Gemüse-Chips

Eingelegter Ziegenkäse

TO GO

Für 2 Personen

250 g grüne dicke
Bohnenkerne (tiefgekühlt)

Meersalz

1 kleine rote Zwiebel

250 g Rettich

250 g Kirschtomaten-Mix
(orange, gelb, rot)

3 EL Weißweinessig

1 TL mittelscharfer Senf

½ TL flüssiger Akazienhonig

Pfeffer | 2 ½ EL Rapskernöl

½ Bund Petersilie

Zubereitung: 35 Min.
Pro Portion:
ca. 13 g EW, 15 g F, 24 g KH

Dicke-Bohnen-Salat

1 Die unaufgetauten Bohnenkerne in Salzwasser 3–4 Min. kochen, in ein Sieb abgießen, kalt abschrecken und abtropfen lassen. Eventuell die Kerne aus den Häutchen drücken. Die Zwiebel schälen und fein würfeln. Den Rettich putzen, schälen, längs halbieren und in dünne Halbscheiben schneiden. Die Tomaten waschen und halbieren.
2 Für das Dressing den Essig mit Senf, Honig, Salz, Pfeffer und Öl in einer Schüssel verrühren. Bohnenkerne, Zwiebel, Tomatenhälften und Rettich in der Vinaigrette wenden und 10 Min. ziehen lassen. Inzwischen die Petersilie waschen und trocken schütteln, die Blätter abzupfen, fein hacken und unter den Salat mischen. Mit Salz und Pfeffer abschmecken. Das schmeckt dazu: kurz gebratenes Rind- oder Lammfleisch.

Genuss-Tipp *Dicke Bohnen haben nur von Mitte Mai bis Ende August Saison. Da heißt es: zugreifen! Und die ausgepalten und blanchierten Kerne sofort einfrieren.*

Limburger mit Musik

Für 2 Personen

NO CARB

2 Zwiebeln
100 ml Gemüsebrühe
4 EL Weißweinessig
Meersalz | Pfeffer
½ TL Kümmelsamen
2 EL Rapskernöl
100 g Limburger (20 % Fett)
1 Radicchio
1 EL Walnusskerne
4 Schnittlauchhalme

Zubereitung: 25 Min.
Pro Portion:
ca. 15 g EW, 18 g F, 4 g KH

1 Die Zwiebeln schälen und in Ringe schneiden. Die Brühe erhitzen, die Zwiebelringe darin zugedeckt bei kleiner Hitze 5 Min. dünsten, dann vom Herd nehmen und abkühlen lassen. Inzwischen den Essig mit 6 EL Zwiebelbrühe, Salz, Pfeffer, Kümmelsamen und Öl verrühren. Vom Limburger die weiche Rinde mit einem Messer abkratzen, den Käse quer in dünne Scheiben schneiden, in der Sauce wenden und 5 Min. ziehen lassen. Dann abtropfen lassen.

2 Inzwischen den Radicchio waschen, längs vierteln und den Strunk entfernen. Die Radicchioviertel in 1 cm breite Streifen schneiden. Die Nüsse grob hacken. Radicchio, Limburger und Zwiebelringe auf Tellern anrichten, mit Marinade beträufeln. Schnittlauch waschen, trocken schütteln und in Röllchen schneiden. Limburger mit Schnittlauch und Nüssen bestreuen. Das schmeckt dazu: pro Person 2 kleine Pellkartoffeln (ca. 100 g) oder 1 Scheibe Roggen-Vollkornbrot (ca. 50 g). Bleibt »No Carb« mit Kohlrabischeiben.

Genuss-Tipp *Limburger ist ein weicher Rotschmierkäse mit würzigem Aroma und intensivem Geruch. Wer ihn nicht mag, kann alternativ Handkäse, einen Harzer, marinieren.*

NO CARB

Für 2 Personen

200 g Pfifferlinge
(ersatzweise tiefgekühlt)
200 g kleine Champignons
1 Zwiebel
4–5 Stiele Petersilie
2 Rinderhüftsteaks (à ca. 150 g)
Pfeffer | 2 EL Olivenöl
Meersalz
150 ml Rinder- oder Hühnerfond
(Glas) | 50 g Sahne
1 TL getrockneter Thymian
½ TL pflanzliches Bindemittel
(z. B. Guarkernmehl)

Zubereitung: 30 Min.
Pro Portion:
ca. 36 g EW, 38 g F, 3 g KH

Pfifferling-Steak

1 Die Pilze putzen und abreiben. Die Pfifferlinge grob zerteilen und die Champignons halbieren. Die Zwiebel schälen und würfeln. Die Petersilie waschen und trocken schütteln, die Blätter abzupfen und fein hacken.

2 Die Steaks trocken tupfen und pfeffern. 1 EL Öl in einer beschichteten Pfanne erhitzen, die Steaks darin bei großer Hitze auf jeder Seite 2 Min. braten. Fleisch auf einen Teller geben und salzen.

3 Die Pilze und übriges Öl in die Pfanne geben und im Bratensatz bei großer Hitze 1 Min. braten. Zwiebel hinzufügen, bei mittlerer Hitze 2–3 Min. mitbraten. Den Fond angießen und 5 Min. einkochen lassen, Sahne dazugeben und aufkochen. Mit Salz, Pfeffer und Thymian würzen. Das Bindemittel unter die Sauce rühren. Das Fleisch samt ausgetretenem Fleischsaft dazugeben und 2–3 Min. erwärmen. Die Petersilie untermischen. Das schmeckt dazu: pro Person 40 g Vollkornbaguette.

Veggie-Variante *Lupinenfilet ist eine wohlschmeckende Alternative zu den Rindersteaks.*

Szegediner Gulasch

1 Das Fleisch abbrausen, trocken tupfen und in 2 cm große Würfel schneiden. Zwiebel und Knoblauch schälen und fein würfeln. Das Öl in einem breiten Topf erhitzen. Das Fleisch darin in zwei Portionen bei großer Hitze in 5 Min. hellbraun anbraten, herausnehmen und beiseitestellen.
2 Zwiebel im Bratfett andünsten, Knoblauch dazugeben und kurz mitdünsten. Beide Sorten Paprikapulver und Tomatenmark untermischen. Das Fleisch samt gezogenem Bratensaft dazugeben, salzen. Die Brühe angießen, aufkochen und alles zugedeckt bei mittlerer Hitze 15 Min. schmoren.
3 Inzwischen die Paprikaschote halbieren, putzen, waschen und in 2 cm große Stücke schneiden. Mit dem Sauerkraut untermischen und weitere 10 Min. garen. Das Gulasch salzen und pfeffern, mit je 1 EL saurer Sahne anrichten. Das schmeckt dazu: pro Person 2 kleine Pellkartoffeln (ca. 100 g).

Veggie-Variante *Seitan erinnert an Fleisch – für Vegetarier eine prima Alternative für ein Gulasch ohne Fleisch. Die Hühnerbrühe durch Gemüsebrühe ersetzen.*

Für 2 Personen

350 g Putenbrustfilet
1 Zwiebel
1 Knoblauchzehe
2 EL Olivenöl
2 TL edelsüßes Paprikapulver
½ TL rosenscharfes Paprikapulver
2 TL Tomatenmark
Meersalz
250 ml Hühnerbrühe
1 rote Paprikaschote
200 g Sauerkraut (Dose oder Folienbeutel)
Pfeffer | 2 EL saure Sahne

NO CARB

Zubereitung: 50 Min.
Pro Portion:
ca. 45 g EW, 16 g F, 8 g KH

Für 2 Personen

200 g kleine
festkochende Kartoffeln
Meersalz
2 küchenfertige Forellen
(à ca. 300 g)
½ Bund Dill
100 ml Gemüsebrühe
2 EL Weißweinessig
Pfeffer
½ TL Rohrohrzucker
3 Frühlingszwiebeln
½ Bund Radieschen
1 Bio-Minigurke
1 kleiner säuerlicher Apfel
(z. B. Braeburn)
2 EL Walnussöl
½ Bio-Zitrone

Zubereitung: 1 Std.
Pro Portion:
ca. 32 g EW, 15 g F, 21 g KH

1 Die Kartoffeln waschen, in einem Topf mit Salzwasser bedeckt aufkochen und bei mittlerer Hitze zugedeckt in 20 Min. garen. Dann die Kartoffeln abgießen, kalt abschrecken und lauwarm abkühlen lassen.

2 Inzwischen den Ofen auf 220° vorheizen. Ein Backblech mit Backpapier auslegen. Die Forellen innen und außen waschen, mit Küchenpapier trocken tupfen. Die Haut mit einem scharfen Messer 2- bis 3-mal einschneiden. Den Dill waschen, trocken schütteln und je 2 Dillstiele in die Bauchhöhle stecken, den übrigen Dill beiseitelegen. Die Forellen auf das Blech legen und im Ofen (Mitte) 20 Min. braten.

3 Die Brühe in einer Schüssel mit Essig, Salz, Pfeffer und Zucker verquirlen. Kartoffeln pellen, in Scheiben schneiden und untermischen. Frühlingszwiebeln putzen und waschen, weiße und hellgrüne Teile in feine Ringe schneiden. Radieschen putzen, waschen und in dünne Scheiben schneiden. Gurke waschen, abtrocknen, längs halbieren und in Scheiben schneiden. Apfel waschen, vierteln, entkernen und in dünne Scheibchen schneiden. Übrigen Dill abzupfen und hacken.

4 Alle vorbereiteten Zutaten mit dem Öl unter die Kartoffeln mischen. Den Salat mit Salz und Pfeffer abschmecken. Zitronenhälfte in Schnitze schneiden. Forellen mit dem Salat anrichten und mit Zitronenschnitzen servieren.

Mitnehm-Tipp *Das Fleisch der gebratenen Forelle von den Gräten lösen und im Büro leicht erwärmen und zum Gemüsesalat genießen.*

Dill-Forelle mit Gemüsesalat

Veggie-Variante *Eine Superkombi mit besonders hochwertigem Eiweiß: Statt der Forelle pro Person 2 Spiegeleier braten und mit etwas Dill bestreut zum Kartoffelsalat servieren.*

TO GO

Für 2 Personen

½ Dinkel-Vollkornbrötchen
(vom Vortag; ca. 30 g)
2 kleine Zwiebeln
1 Ei (Größe M)
1 TL mittelscharfer Senf
250 g Tatar (Beefsteakhack)
Meersalz | Pfeffer
1 Salatgurke
2 ½ EL Olivenöl
1 TL Senfsamen
5 EL Gemüsebrühe
3 EL Naturjoghurt
½ TL pflanzliches Bindemittel
(z. B. Guarkernmehl)
1 EL Dillspitzen

Zubereitung: 40 Min.
Pro Portion:
ca. 34 g EW, 21 g F, 15 g KH

Mini-Frikadellen

1 Das Brötchen in Scheiben schneiden, mit 100 ml lauwarmem Wasser übergießen und 10 Min. einweichen. Zwiebeln schälen. 1 Zwiebel fein würfeln, mit dem ausgedrückten Brötchen, Ei und Senf unter das Tatar mischen. Mit Salz und Pfeffer kräftig würzen. Die Masse mit feuchten Händen zu 6 kleinen Frikadellen formen.

2 Gurke schälen, längs halbieren, entkernen und in 1 cm breite Stücke schneiden. Die übrige Zwiebel halbieren und in feine Streifen schneiden. 1 EL Öl in einer Pfanne erhitzen, die Zwiebel darin bei mittlerer Hitze glasig dünsten. Gurkenstücke und Senfsamen dazugeben und 1 Min. mitbraten, die Brühe angießen und aufkochen. Die Gurken bei mittlerer Hitze 2 Min. garen. Joghurt und Bindemittel verrühren, unter das Gemüse mischen und köcheln lassen, bis es gebunden ist. Das Gemüse salzen und pfeffern.

3 Gleichzeitig das übrige Öl in einer beschichteten Pfanne erhitzen, die Frikadellen darin bei mittlerer Hitze auf beiden Seiten 10–12 Min. braten. Mit Gurkengemüse anrichten und mit Dillspitzen bestreuen.

Veggie-Variante *Statt der Frikadellen pro Person je 3 Ziegenfrischkäsetaler zu dem Gurkengemüse servieren.*

Gemüse mit Sauce

1 Die Eier in 8–10 Min. hart kochen, kalt abschrecken, pellen und abkühlen lassen. Inzwischen den Quark mit saurer Sahne, 1–2 EL Wasser, Essig, Senf und Öl verrühren. Die Schalotte schälen und fein würfeln. Die Kräuter waschen und trocken schütteln, grobe Stiele entfernen, einige Kräuterblätter zum Garnieren beiseitelegen, die übrigen Kräuter fein hacken. 1 Ei hacken und mit Schalotte und Kräutern unterheben. Die Sauce mit Salz und Pfeffer würzen und kalt stellen.

2 Das Gemüse waschen und putzen oder schälen. Kohlrabi in Spalten schneiden, Spargel dritteln, Möhren ganz lassen, Blumenkohl in Röschen teilen.

3 Die Brühe aufkochen, alle Gemüsesorten darin 5 Min. dünsten. Das Gemüse abgießen, den Sud auffangen. Gemüse auf Tellern anrichten, salzen und pfeffern. Mit jeweils 3–4 EL Gemüsesud und dem restlichen Öl beträufeln.

4 Das übrige Ei halbieren und mit der grünen Sauce zum Gemüse geben. Das Gemüse mit den beiseitegelegten Kräuterblättern garnieren. Das schmeckt dazu: pro Person 2–3 kleine Pellkartoffeln (z. B. Drillinge; ca. 100 g).

Genuss-Tipp *Das Gemüse nach Belieben mit essbaren Blüten von Borretsch oder Schnittlauch garnieren.*

Für 2 Personen

2 Eier (Größe M)
250 g Magerquark
2 EL saure Sahne
1 EL Apfelessig
1 TL Senf | 2 EL Rapskernöl
1 kleine Schalotte
½ Bund Kräuter für Grüne Sauce
(ca. 75 g; Borretsch, Kerbel, Petersilie, Pimpernell, Sauerampfer, Schnittlauch)
Meersalz | Pfeffer | 1 Kohlrabi
250 g grüner Spargel
100 g Bundmöhren
250 g Blumenkohl
250 ml Gemüsebrühe

Zubereitung: 40 Min.
Pro Portion:

ca. 30 g EW, 21 g F, 13 g KH

TO GO

Für 2 Personen

200 g festkochende Kartoffeln
1 große Möhre (ca. 100 g)
250 g Wirsing | 1 Zwiebel
1 Knoblauchzehe
200 g mageres Lammfleisch (aus der Keule)
150 g mageres Rindergulasch
Meersalz | Pfeffer
1 EL Olivenöl | 3 Zweige Thymian
1 Zweig Rosmarin
250 ml Gemüsebrühe
½ Bund Petersilie

Zubereitung: 20 Min.
Garen: 1 Std.
Pro Portion:
ca. 45 g EW, 31 g F, 17 g KH

Pichelsteiner Eintopf

1 Kartoffeln und Möhre schälen und in feine Scheiben schneiden. Wirsing putzen, waschen, vom Strunk befreien und in 2–3 cm breite Streifen schneiden. Zwiebel und Knoblauch schälen und würfeln. Lamm- und Rindfleisch abbrausen, trocken tupfen und in 2 cm große Würfel schneiden. Mit Salz und Pfeffer würzen.

2 Öl in einem Topf erhitzen. Das Fleisch darin 5 Min. rundherum kräftig anbraten, vom Herd nehmen. Zwei Drittel vom Fleisch herausnehmen, die Hälfte des Gemüses auf das Fleisch im Topf legen, salzen und pfeffern. Übriges Fleisch und Kräuterzweige in den Topf geben, restliches Gemüse darauf verteilen, mit Salz und Pfeffer würzen. Die Brühe angießen und zugedeckt aufkochen. Den Eintopf bei mittlerer Hitze 1 Std. köcheln lassen, dabei nicht mehr umrühren.

3 Falls nötig, noch etwas heißes Wasser dazugießen. Die Petersilie waschen und trocken schütteln, die Blätter abzupfen und hacken. Den Eintopf damit bestreuen und servieren.

Vegan-Variante *Darf es eher bissfest sein? Dann ist Seitan die passende Alternative zum Fleisch im Eintopf.*

Zweierlei Bohnentopf

SCHNELL

1 Die grünen Bohnen waschen, putzen und halbieren. In einem Topf die Brühe aufkochen, die Bohnen und das Bohnenkraut dazugeben und bei mittlerer Hitze in 10 Min. garen.
2 Inzwischen die Putenbrust in 1–2 cm große Würfel schneiden. Den Lauch putzen, längs einschneiden, gründlich waschen und in dünne Streifen schneiden. Die weißen Bohnen in ein Sieb abgießen, kalt abbrausen und gut abtropfen lassen. Die Tomaten waschen und die Stielansätze entfernen. Tomaten vierteln, entkernen und in feine Streifen schneiden.
3 Putenbrustwürfel, Lauch und weiße Bohnen in den Topf mit den grünen Bohnen geben und bei mittlerer Hitze 3–4 Min. mitgaren. Die Tomaten hinzufügen und kurz erwärmen. Den Eintopf mit Salz und Pfeffer würzen. Den Schnittlauch waschen, trocken schütteln und in feine Röllchen schneiden. Den Eintopf mit Schnittlauch bestreut servieren.

Für 2 Personen

300 g grüne Bohnen
750 ml Gemüsebrühe
2 Zweige Bohnenkraut
200 g geräucherte Putenbrust
1 Stange Lauch
125 g weiße Bohnen (Dose)
2 Tomaten
Meersalz | Pfeffer
½ Bund Schnittlauch

Zubereitung: 30 Min.
Pro Portion:
ca. 29 g EW, 4 g F, 17 g KH

Vegan-Variante *Die Putenbrust im Eintopf durch geräucherten Tofu in Würfeln oder Lupinenfilet in Streifen ersetzen.*

Kartoffelpfanne mit Ei

Für 2 Personen: **200 g kleine Pellkartoffeln** in ½ cm dicke Scheiben schneiden. **200 g Pfifferlinge** putzen, grob zerteilen. **1 Zwiebel** schälen, in Streifen schneiden, **1 Knoblauchzehe** schälen, hacken. **250 g Tomaten** waschen, würfeln. In einer beschichteten Pfanne **1 EL Olivenöl** erhitzen, Zwiebel, Knoblauch und Pilze darin 5 Min. braten, mit **Meersalz** und **Pfeffer** würzen, herausnehmen. Kartoffeln mit **1 EL Olivenöl** und **2 TL Butter** unter Wenden in 6 Min. goldbraun braten, salzen und pfeffern. Pilze und Tomaten dazugeben, **3 Eier (Größe M)** verrühren, hinzufügen und stocken lassen. Mit **2 EL gehackter Petersilie** bestreuen.

Pro Portion: ca. 16 g EW, 23 g F, 20 g KH

Landlustige Blitz küche

Zwiebel-Schnittlauch-Käse

Für 2 Personen: **300 g körnigen Frischkäse** mit **2 EL Sahne, Meersalz** und **Pfeffer** verrühren. **1 kleine Zwiebel** schälen, würfeln. **½ Bund Schnittlauch** waschen, trocken schütteln, in Röllchen schneiden. Beides unterrühren. Käsecreme mit **2 Tomaten** und **1 Bio-Minigurke** in Scheiben anrichten. Dazu: Roggen-Sauerteigbrot.

Pro Portion: ca. 20 g EW, 16 g F, 9 g KH

Kohlrabisalat nach Waldorf-Art

Für 2 Personen: **150 g Seidentofu** mit **1–2 EL Zitronensaft**, **2 TL Apfeldicksaft, Meersalz, Pfeffer** und **2 EL Rapskernöl** pürieren. **1 großen Kohlrabi** schälen. **1 Apfel** waschen, vierteln, entkernen. Beides raspeln und mit **½ Bund gehackter Petersilie** unter das Dressing mischen. Salat salzen und pfeffern. **2 EL Walnusskerne** hacken, rösten und darüberstreuen.

Pro Portion: ca. 6 g EW, 18 g, 14 g KH

Matjes mit Senfsauce

Für 2 Personen: **2 Matjes-Doppelfilets** anrichten. **1 rote Zwiebel** schälen, halbieren, in Streifen schneiden. **½ Bund Radieschen** putzen, waschen und mit **6 Cornichons** in dünne Scheiben schneiden. Alles auf den Matjesfilets verteilen. **150 g Naturjoghurt** mit **2 EL Gurkensud, 2 TL Senf, 1 TL Akazienhonig, 2 TL Walnuss-** oder **Leinöl** verrühren, mit **Meersalz** und **Pfeffer** würzen. Sauce über die Matjes gießen. Mit **½ Beet Kresse** bestreuen. Dazu: Roggen-Vollkornbrot.

Pro Portion: ca. 17 g EW, 25 g F, 11 g KH

mit Tradition

Schnitzel mit Nusskruste

Für 2 Personen: **4 Kalbsschnitzel (à ca. 70 g)**, salzen, pfeffern. **1 Ei (Größe L)** verquirlen. **2 EL Vollkorn-Semmelbrösel, 2 EL gemahlene Haselnüsse** mischen. Schnitzel in **1 ½ EL Dinkel-Vollkornmehl** wenden, durchs Ei ziehen, mit Bröseln panieren. In **2 EL Olivenöl** 4–5 Min. braten. Mit Zitrone und Salat servieren.

Pro Portion: ca. 36 g EW, 23 g F, 13 g KH

Spitzkohl-Schinken-Nudeln

Für 2 Personen: **400 g Spitzkohl** und **1 rote Paprikaschote** putzen, waschen, in Streifen schneiden, in **1 EL Olivenöl** 2 Min. anbraten. **100 g Gemüsebrühe** angießen, zugedeckt 5 Min. dünsten. **80 g Farfalle-Nudeln** in **Salzwasser** garen, abtropfen lassen. Mit **1 EL Schmand** unter das Gemüse heben. Salzen, **pfeffern**, mit **100 g Lachsschinken** anrichten.

Pro Portion: ca. 17 g EW, 12 g F, 37 g KH

Modern – Urban – Kochen

In New York, London, Paris, München sieht man an jeder Straßenecke, was angesagt ist: Fingerfood, Smoothies ...

... Rawfood, To Go, Vegan. Und das greifen wir in simple glyx natürlich auch auf.

Leckeres Fingerfood: Nicht nur im Cocktailkleid ist Fingerfood Trend. Die kleinen, besteckfreien Häppchen mutieren zum Convenience-Food im Alltag. Zu gesundem Fast Food. Wir lieben Essen, das schnell zubereitet und gesund ist. Wie die Lupinen-Gurken-Wraps auf Seite 109.

Henkelmann 2.0: Mittags ist man weder auf Imbissstand noch Kantine angewiesen. Man nimmt sich das Lieblingsessen nämlich einfach selbst gemacht mit. Im modernen Henkelmann oder in der Bento-Box. Garantiert ohne Zusatzstoffe und Chemie – so sieht »clean eating to go« aus. Wir lassen nur herein, von dem wir wissen, was drinsteckt. Kryptische Inhaltsstoffe dürfen draußen bleiben. Fischspieße mit Fenchelsalat (siehe S. 116)? Hereinspaziert.

Frühlingsgemüse-Päckchen (siehe S. 110)? Hallo, herzlich willkommen!

Das Raw-Öfchen »Raw« ist modern: Der Smoothie ist raw. Zucchinichips sind raw. Gute Schokolade ist raw. Sogar das Brot, der Lammbraten geraten bei niedriger Temperatur, wenn man sich entsprechend Zeit lässt ... Ein Raw-Öfchen (Dörrgerät) passt schon seit mehr als 10 Jahren wunderbar in die simple glyx-Küche. Es trocknet Pilze, Obst, Gemüsespieße, zaubert Gummibeeren, Kuchenböden und sogar Pizzas herbei. Alles so schonend unter 42°, dass Vitamine und Mineralstoffe erhalten bleiben. Gibt's auch im Kleinformat für Single-Küchen.

Lust auf ein Menü? Servieren Sie Zucchinisuppe mit Kichererbsen (siehe S. 121), Orient-Hähnchen (siehe S. 119), dann Frozen Buttermilch mit Erdbeer-Sauce (siehe S. 124 und 125).

3 Simple -GLYX -Regeln

2. Glutenfreie Grasküche: Für die, die kein Gluten (Klebereiweiß) vertragen, liefert die Natur die Süßgräser Amaranth und Quinoa. Mit allen lebenswichtigen Eiweißbausteinen, Omega-3-Fettsäuren, Kalzium und Eisen für mehr Energie. Andere glyxniedrige Getreidealternativen sind Buchweizen und Hafer. Auch glutenfrei, allerdings mit hohem GLYX: Mais, Reis, Hirse, Teff. Bitte probieren: Quinoa-Tofu-Salat (siehe S. 113).

1. Im Zeitraffer: In der Stadt geht es halt immer noch ein bisschen hektischer zu. Darum kocht man, wenn man Zeit hat, eine größere Portion, die man einfriert – oder mit der Nachbarin teilt, die an einem anderen Tag kocht.

3. Halb-raw reicht auch: Wer von heute auf morgen auf »raw« umstellt, überfordert den Körper vielleicht erst mal ein bisschen. Der reagiert mit Bauchzwicken und Blähungen. Also, langsam an die Rohkost gewöhnen. Und: Es muss nicht alles »raw« sein. Die Hälfte tut's auch. Einfach lecker: Lachs-Wasabi-Tatar, Radieschen-Carpaccio (siehe S. 121).

Glyx-Bringer: Chiasamengel

Chiasamen machen eine tolle Haut, stärken das Immunsystem, halten jede Zelle jung – und helfen wunderbar beim Abnehmen. Mit viel Eiweiß, vielen Ballaststoffen und jede Menge Omega-3-Fettsäuren für die gute Laune. Sie dimmen den GLYX runter und machen ziemlich satt.

Chiasamengel: Chiasamen mit Wasser im Verhältnis 1:6 in einem Gefäß verrühren. Verschließen und in den Kühlschrank stellen. Die Samen quellen auf, bilden eine gelartige Masse. Man kann sie schon nach 10 Minuten verwenden. Nur: Durch das Quellen über Nacht sind die Nährstoffe besser verfügbar. Das Gel passt in Smoothies, Getränke, Saucen ...

> **»Wir leben nicht, um zu essen; wir essen, um zu leben.«**
>
> Sokrates

Für 1 Glas von 350 ml

100 ml Weißweinessig
2 TL Dijon-Senf
¼ TL Meersalz
¼ TL schwarzer Pfeffer
aus der Mühle
150 ml kalt gepresstes Olivenöl
5 EL Rapskernöl
5 EL Lein- oder Walnussöl

Zubereitung: 10 Min.
Pro 2 ½ EL (ca. 25 ml):
ca. 0 g EW, 18 g F, 0 g KH

GLYX-Vinaigrette

1 In einem hohen Rührgefäß den Essig mit Senf, Salz und Pfeffer mit einem Schneebesen oder Pürierstab gründlich verquirlen. Nach und nach Oliven-, Rapskern- und Lein- oder Walnussöl untermixen. So lange weiterrühren, bis eine cremige Sauce entstanden ist.
2 Die Sauce in ein sauberes Twist-off-Glas füllen und das Glas verschließen. Im Kühlschrank hält sie sich 2–3 Wochen. Das schmeckt dazu: Blatt- oder Gemüsesalate mit 2 EL Vinaigrette pro Person angemacht.

Genuss-Tipp *Die Essig-Öl-Sauce lässt sich auf Vorrat zubereiten, sie zieht dann gut durch. Vor der Verwendung noch mal kräftig shaken, damit sich Essig und Öl wieder gut verbinden. Wer mag, verfeinert die Vinaigrette mit fein gehackten Zwiebeln und Knoblauch, Kräutern, Nüssen oder Kapern. Mit Joghurt, Buttermilch und Kefir wird sie noch geschmeidiger.*

Dinkel-Tortilla-Wraps

1 In einer Schüssel beide Mehlsorten mit Salz und Backpulver mischen. Sojasahne und 50 ml lauwarmes Wasser dazugeben und alles mit den Knethaken des Handrührgeräts zu einem glatten Teig verkneten, dann auf einer bemehlten Arbeitsfläche mit den Händen zu einem geschmeidigen Teig kneten. Den Teig zugedeckt 45 Min. ruhen lassen.
2 Den Teig fünfteln, zu Kugeln formen und auf einer bemehlten Arbeitsfläche zu dünnen Fladen (24 cm Ø) ausrollen.
3 Die Fladen nacheinander in einer beschichteten Pfanne ohne Fett bei mittlerer bis großer Hitze auf beiden Seiten 2–3 Min. backen. Wraps herausnehmen, lauwarm belegen und aufrollen (siehe S. 109) oder auskühlen lassen.

Genuss-Tipp *Die Tortilla-Wraps auf Vorrat backen, wenn Zeit ist. Eine Portion sofort genießen, die übrigen Fladen auskühlen lassen und mit Pergamentpapier dazwischen stapeln und einfrieren. Bei Bedarf im Ofen bei 150° auf dem Rost 5 Min. aufbacken.*

VEGAN

Für 5 Stück à 70 g

125 g Dinkel-
Vollkornmehl
125 g Dinkelmehl (Type 630)
1 TL Meersalz
2 TL Weinstein-Backpulver
100 ml Sojasahne
Mehl zum Arbeiten

Zubereitung: 45 Min.
Ruhen: 45 Min.
Pro Stück:
ca. 7 g EW, 6 g F, 37 g KH

Lupinen-Gurken-Wraps

1 Den Frischkäse mit dem Meerrettich verrühren, salzen und pfeffern. Den Rucola waschen, trocken schütteln und verlesen, dabei grobe Stiele entfernen. Die Gurke waschen, abtrocknen, längs halbieren, entkernen und in feine Stifte schneiden. Tomaten waschen und in Scheiben schneiden. Das Lupinenfilet in feine Streifen schneiden. Öl in einer Pfanne erhitzen, Lupinenfiletstreifen darin 1–2 Min. braten. Die Pfanne vom Herd nehmen, Gurkenstreifen und Tomatenscheiben untermischen.
2 Die Tortilla-Wraps erwärmen, mit dem Meerrettich-Frischkäse bestreichen. Rucola und Lupinenfiletmix darauf verteilen. Die Wraps auf Tellern anrichten oder fest zusammenrollen. Vor dem Servieren quer halbieren.

Genuss-Tipp *Ob im Büro, unterwegs oder beim Picknick – das Päckchen auf die Hand ist ein idealer Lunch to go. Dazu die Wrap-Rollen einzeln in Pergamentpapier oder Folie wickeln und in eine Frischhaltebox packen. Wer möchte, tauscht das Lupinenfilet gegen Streifen von Roastbeef-Aufschnitt. Auch sehr lecker!*

Für 2 Personen

SCHNELL

60 g Frischkäse (Halbfettstufe)
1 TL geriebener Meerrettich (Glas)
Meersalz | Pfeffer
2 Handvoll Rucola (ca. 40 g)
1 Bio-Minigurke
80 Kirschtomaten
80 g Lupinenfilet
2 TL Olivenöl
2 Dinkel-Tortilla-Wraps (siehe S. 108)

Zubereitung: 25 Min.
Pro Portion:
23 g EW, 18 g F, 40 g KH

GLYX-Vinaigrette

Lupinen-Gurken-Wraps

Für 2 Personen

500 g grüner Spargel
1 zarter Kohlrabi (ca. 300 g)
200 g Bundmöhren
6 Zweige Thymian
2 ½ EL Olivenöl
Meersalz | Pfeffer
1 EL Pinienkerne
125 g Büffelmozzarella
2–3 Stiele Basilikum
Außerdem:
Küchengarn

Zubereitung: 30 Min.
Backen: 20 Min.
Pro Portion:
ca. 22 g EW, 36 g F, 12 g KH

1 Den Backofen mit einem Backblech (Mitte) auf 200° vorheizen. Den Spargel waschen, im unteren Drittel schälen und die Enden abschneiden, die Stangen quer halbieren. Den Kohlrabi putzen, schälen und in Spalten schneiden. Die Möhren putzen, waschen und bürsten oder dünn schälen, dann längs halbieren. Thymian waschen und trocken schütteln, die Blättchen abstreifen und hacken.

2 In einer Schüssel das Öl mit Salz, Pfeffer und Thymian verrühren. Das Gemüse in der Marinade wenden. Zwei Bögen Backpapier (à ca. 30 x 40 cm) auf eine Arbeitsfläche legen, das Gemüse darauf verteilen. Das Papier über der Füllung zusammenfalten, an den Enden mit Küchengarn fest zubinden. Die Päckchen auf das vorgeheizte Blech setzen und das Gemüse im Ofen (Mitte) in 20 Min. garen.

3 Inzwischen die Pinienkerne in einer Pfanne ohne Fett goldbraun anrösten. Vom Herd nehmen und abkühlen lassen. Den Mozzarella abtropfen lassen und grob zerpflücken. Die Basilikumblätter von den Stielen zupfen und abreiben. Die Päckchen vor dem Servieren öffnen, das Gemüse mit Mozzarella, Pinienkernen und Basilikum bestreut servieren. Das schmeckt dazu: pro Person 2 Scheiben Vollkornbaguette (ca. 40 g) oder 2 kleine Pellkartoffeln (ca. 100 g).

Frühlings
gemüse-Päckchen

Genuss-Tipp *Büffelmozzarella ist das »Sahnehäubchen« auf dem Gemüse. Der in Kampanien und Südlatium hergestellte Brühkäse aus Büffelmilch schmeckt herrlich aromatisch und leicht salzig, sein Inneres ist wunderbar weich und cremig – eine Alternative zu Kuhmilch-Mozzarella!*

TO GO

Für 2 Personen

250 g Hähnchenbrustfilet
Meersalz | Pfeffer
1 TL abgeriebene Schale von
1 Bio-Zitrone
2 EL Dinkel-Vollkorngrieß
1 TL getrockneter Thymian
150 g gemischte Blattsalate
150 g Kirschtomaten
1 Möhre | 4 EL GLYX-Vinaigrette
(siehe S. 108)
2 EL Dickmilch
½ TL flüssiger Akazienhonig
4 Stiele Basilikum
2 EL Kokosöl

Zubereitung: 30 Min.
Pro Portion:

ca. 32 g EW, 29 g F, 16 g KH

Knusperhuhn auf Salat

1 Das Hähnchenbrustfilet abbrausen, trocken tupfen und in 3–4 cm große Stücke schneiden. Rundherum mit Meersalz, Pfeffer und Zitronenschale würzen. Den Grieß mit dem Thymian mischen. Die Fleischstücke in der Grießmischung wenden.

2 Die Blattsalate waschen, verlesen, trocken schleudern und in mundgerechte Stücke zupfen. Die Tomaten waschen und halbieren. Die Möhre putzen, schälen und grob raspeln.

3 Die GLYX-Vinaigrette in einer Schüssel mit Dickmilch und Honig zu einer cremigen Sauce verrühren. Die Basilikumblätter abzupfen, abreiben und grob zerpflücken. Basilikum, Salat, Tomaten und Möhrenraspel mit der Sauce mischen und auf Tellern anrichten.

4 Das Öl in einer beschichteten Pfanne erhitzen, die Fleischstücke darin bei mittlerer Hitze auf jeder Seite 3–4 Min. braten. Herausnehmen und auf dem Salat anrichten.

Veggie-Variante *Statt Hähnchenbrustfilet Lupinenfilet wie beschrieben würzen und panieren und zum Salat servieren.*

Quinoa-Tofu-Salat

1 Quinoa heiß abbrausen und abtropfen lassen. Die Brühe aufkochen, Quinoa darin zugedeckt bei mittlerer Hitze in 18–20 Min. garen. Anschließend offen abkühlen lassen.

2 Inzwischen die Zuckerschoten putzen, in kochendem Salzwasser 1 Min. blanchieren, herausnehmen, kalt abschrecken und abtropfen lassen. Die Avocado halbieren, entsteinen, aus der Schale lösen und in mundgerechte Stücke schneiden. Sofort mit 1 EL Limettensaft beträufeln. Die Frühlingszwiebeln putzen und waschen, weiße und hellgrüne Teile in feine Ringe schneiden. Den Tofu 1 cm groß würfeln.

3 Essig, übrigen Limettensaft, Meersalz, Sirup, Pulbiber und Öl verrühren. Quinoa, Zuckerschoten, Avocado, Frühlingszwiebeln und Tofu vorsichtig in der Sauce wenden, mit Meersalz würzen. Koriandergrün waschen und trocken schütteln, die Blätter abzupfen, hacken und über den Salat streuen.

Genuss-Tipp *Mit Quinoa tricolore wird der Salat optisch und geschmacklich aufgepeppt. In der Mischung ergänzen sich roter und schwarzer Quinoa mit aromatisch-nussiger Note sowie milder weißer perfekt.*

Für 2 Personen

VEGAN

80 g Quinoa
200 ml Gemüsebrühe
100 g Zuckerschoten
Meersalz | 1 reife Avocado
2 EL Limettensaft
2 Frühlingszwiebeln
200 g Curry-Mango-Tofu (Bioladen, Reformhaus)
1 EL Weißweinessig
½ TL Agavensirup
½–1 TL Pulbiber (scharfe Paprikaflocken)
2 EL Olivenöl
½ Bund Koriandergrün

Zubereitung: 30 Min.
Pro Portion:
ca. 23 g EW, 48 g F, 38 g KH

SCHNELL

Für 2 Personen

300 g Knollensellerie
1 kleiner säuerlicher Apfel
(z. B. Braeburn)
2 TL Zitronensaft
Meersalz
2 Lachsfilets (ohne Haut;
à ca. 175 g) | Pfeffer
1 Zucchino (ca. 150 g)
1 EL geriebener Meerrettich
(Glas)
2 EL Dinkel-Vollkornsemmelbrösel
1 Eigelb (Größe M) | 5 EL Milch
frisch geriebene Muskatnuss
2 EL fein gehackte Petersilie
4 TL Olivenöl

Zubereitung: 30 Min.
Pro Portion:
ca. 39 g EW, 35 g F, 20 g KH

Lachs mit Zucchini

1 Den Sellerie schälen und grob würfeln. Den Apfel vierteln, entkernen, schälen und klein schneiden. Beides mit Zitronensaft in einen Topf geben, salzen und zur Hälfte mit Wasser bedecken. Alles aufkochen und zugedeckt bei mittlerer Hitze in 15–20 Min. garen.

2 Den Backofen auf 200° vorheizen. Ein Backblech mit Backpapier auslegen. Die Lachsfilets abbrausen, trocken tupfen, salzen und pfeffern, auf das Blech legen. Zucchino waschen, putzen und grob raspeln. Mit Meerrettich, Semmelbröseln und Eigelb verkneten, salzen und pfeffern. Die Masse auf dem Fisch verteilen, den Fisch im Ofen (Mitte) 15 Min. backen.

3 Inzwischen die Milch erhitzen. Die Sellerie-Apfel-Mischung abgießen, zerdrücken oder pürieren. Die heiße Milch dazugießen, mit Salz, Pfeffer und Muskat würzen. Petersilie unterheben. Selleriepüree mit dem Lachs auf Tellern anrichten, Püree mit Öl beträufeln.

Veggie-Variante *Die Zucchinimasse auf Halloumi-Käse-Scheiben (à ca. 125 g) statt auf Lachsfilet verteilen und im Ofen backen.*

80-Grad-Doradenfilets

1 Den Backofen auf 80° vorheizen. Eine ofenfeste Form einölen. Die Doradenfilets abbrausen und trocken tupfen, leicht salzen, pfeffern und mit der Hautseite nach unten in die Form legen. Thymian waschen und trocken schütteln, die Zweige dazwischenstecken. Den Fisch direkt mit Frischhaltefolie bedecken, dabei die Folie stramm ziehen. Im Ofen (Mitte) in 20–25 Min. garen.

2 Inzwischen den Spinat waschen, verlesen und trocken schleudern. Schalotte und Knoblauch schälen, fein würfeln. 1 EL Öl in einem breiten Topf erhitzen, beides darin bei mittlerer Hitze glasig dünsten. Spinat dazugeben und in 2–3 Min. zusammenfallen lassen. Mit Salz, Pfeffer und Zitronenschale würzen.

3 Das übrige Öl mit Pulbiber, Zitronensaft und Salz verrühren. Die Fischfilets und den Spinat auf Tellern anrichten und mit dem Chiliöl beträufeln. Das schmeckt dazu: pro Person 1–2 Pellkartoffeln (ca. 100 g).

Veggie-Variante *Mit im Ofen leicht erwärmtem Schafskäse (Feta) schmeckt der Zitronen-Spinat auch Vegetariern.*

Für 2 Personen

NO CARB

2 Doradenfilets
(mit Haut, ohne Gräten;
à ca. 150 g)
Meersalz | Pfeffer
2–3 Zweige Thymian
500 g Babyspinat
1 Schalotte | 1 Knoblauchzehe
2 ½ EL Olivenöl
abgeriebene Schale von
½ Bio-Zitrone
½ TL Pulbiber (scharfe Paprikaflocken) | 2 EL Zitronensaft
Olivenöl für die Form

Zubereitung: 25 Min.
Garen: 20 Min.
Pro Portion:
ca. 39 g EW, 25 g F, 2 g KH

Für 2 Personen

200 g Thunfisch-
oder Bonitofischfilet
150 g geschälte, rohe Riesen-
garnelen
1 Knoblauchzehe
1 kleine rote Chilischote
2 EL Limettensaft
2 ½ EL Olivenöl
1 Fenchelknolle (ca. 300 g)
2 blaue Feigen
4 EL Orangensaft
1 EL weißer Aceto balsamico
Meersalz | Pfeffer
4 Stiele Petersilie
1 kleine rote Zwiebel
Olivenöl für die Pfanne
Außerdem:
4 Holzgrillspieße

Zubereitung: 30 Min.
Pro Portion:
ca. 38 g EW, 35 g F, 12 g KH

1 Fisch und Garnelen abbrausen und trocken tupfen, Fischfilet grob würfeln. Knoblauch schälen. Chilischote längs aufschneiden, entkernen und waschen. Knoblauch und Chili fein würfeln, mit Limettensaft und 1 EL Öl verrühren. Fisch und Garnelen in der Marinade wenden und 10 Min. kalt stellen. Die Holzspieße wässern.

2 Inzwischen für den Salat den Fenchel waschen, vierteln und den Strunk entfernen. Die Viertel fein hobeln. Die Feigen kurz abbrausen, vorsichtig trocken tupfen und in Spalten schneiden. Orangensaft, Essig, Meersalz, Pfeffer und das übrige Öl in einer Schüssel verrühren. Die Petersilie waschen und trocken schütteln, die Blätter abzupfen und hacken. Mit Fenchel und Feigen untermischen.

3 Die Zwiebel schälen und in Spalten schneiden, diese grob zerteilen. Fisch und Garnelen aus der Marinade nehmen, gut abtropfen lassen. Im Wechsel mit den Zwiebelstücken auf die Spieße stecken.

4 Eine Grillpfanne mit Öl einpinseln und erhitzen. Die Fischspieße darin bei großer Hitze rundherum 5 Min. braten, salzen und pfeffern. Die Spieße herausnehmen und mit dem Fenchelsalat anrichten.

5 Den Bratensatz mit der Marinade und 5 EL Wasser ablöschen, einmal aufkochen und über die Spieße träufeln. Sofort servieren. Das schmeckt dazu: pro Person 2 Scheibchen Vollkornbaguette (ca. 40 g).

Fischspieße mit Fenchelsalat

Veggie-Variante *Eine feine Alternative für vegetarische Spießgesellen: Zweierlei Tofuwürfel, z. B. Curry-Mango-Tofu und neutraler Tofu statt Fisch und Garnelen auf die Spieße stecken und wie im Rezept beschrieben marinieren und braten.*

SCHNELL

Für 2 Personen

300 g Kirschtomaten
1 Bund Frühlingszwiebeln
2 Knoblauchzehen
½ Bund Petersilie
80 g Vollkornbaguette
250 g Rinderfilet
2 EL Olivenöl
Meersalz | Pfeffer
2 EL Aceto balsamico
125 ml Rinder- oder Hühnerfond
(Glas)

Zubereitung: 20 Min.
Pro Portion:
ca. 36 g EW, 17 g F, 28 g KH

Tomaten-Rinderfilet

1 Die Tomaten waschen und halbieren. Frühlingszwiebeln putzen, waschen und schräg in 4 cm breite Stücke schneiden. Knoblauch schälen und in dünne Scheiben schneiden. Petersilie waschen und trocken schütteln, die Blätter abzupfen und grob hacken. Baguette 2 cm groß würfeln. Rinderfilet trocken tupfen und in 6 dünne Scheiben schneiden.

2 ½ EL Öl in einer beschichteten Pfanne erhitzen. Das Baguette darin unter Wenden in 5 Min. goldbraun braten, dann herausnehmen. Das übrige Öl in derselben Pfanne erhitzen, die Filetscheiben mit dem Knoblauch darin auf beiden Seiten 1–2 Min. braten. Fleisch herausnehmen, salzen und pfeffern und in Alufolie wickeln.

3 Frühlingszwiebeln und Tomaten im Bratfett bei kleiner Hitze 2 Min. dünsten, mit Essig und Fond ablöschen. Mit Salz und Pfeffer würzen. Petersilie dazugeben. Fleisch mit Gemüse und Baguettewürfeln servieren.

Vegan-Variante *Lupinenfilet aus dem Bioladen ist ein toller Ersatz für Fleisch und bringt Abwechslung auf den Tisch. Wichtig: Den Rinder- oder Hühnerfond durch Gemüsefond ersetzen.*

Orient-Hähnchen

NO CARB

Für 2 Personen

je 1 gelbe und
 rote Paprikaschote
1 rote Zwiebel
1 Knoblauchzehe
250 g Hähnchenbrustfilet
2 EL Olivenöl
Meersalz | Pfeffer
1 TL getrockneter Oregano
1 TL rosenscharfes Paprikapulver
200 g stückige Tomaten (Dose)
125 ml Gemüsebrühe
1–2 TL Harissa (Chilipaste)
1 reife Avocado
2 EL gehacktes Koriandergrün

Zubereitung: 30 Min.
Pro Portion:
ca. 33 g EW, 45 g F, 13 g KH

1 Die Paprikaschoten halbieren, putzen, waschen und in Streifen schneiden. Die Zwiebel schälen, halbieren und in feine Streifen schneiden. Den Knoblauch schälen und fein würfeln. Das Hähnchenbrustfilet abbrausen, trocken tupfen und in ½ cm breite Scheiben schneiden.

2 1 EL Öl in einer großen beschichteten Pfanne erhitzen, das Fleisch darin auf beiden Seiten in 2–3 Min. goldbraun braten. Auf einen Teller geben, salzen und pfeffern. Das übrige Öl in derselben Pfanne erhitzen, die Zwiebel darin bei mittlerer Hitze glasig dünsten. Paprikastreifen und Knoblauch dazugeben, 2–3 Min. mitdünsten. Mit Oregano und Paprikapulver würzen. Tomaten, Brühe und 1 TL Harissa hinzufügen, alles zugedeckt bei mittlerer Hitze 5 Min. schmoren.

3 Inzwischen die Avocado halbieren, entsteinen, das Fruchtfleisch aus der Schale lösen und in 2 cm große Würfel schneiden. Mit dem Fleisch in die Pfanne geben und kurz erwärmen. Mit Harissa und Salz abschmecken und mit Koriandergrün bestreut servieren. Das schmeckt dazu: Pro Person 40 g (roh) Naturreis garen.

Vegan-Variante *Neutralen Tofu statt Hähnchenbrustfilet nehmen und wie beschrieben braten und zubereiten.*

Dinkel-Spinat-Salat

Für 2 Personen: **1 rote Zwiebel** und **1 Knoblauchzehe** schälen, fein würfeln. In **1 EL Olivenöl** glasig dünsten. **80 g Dinkel-wie-Reis** (Vollwertprodukt) zugeben, 2–3 Min. mitdünsten. **200 ml Gemüsebrühe** angießen, aufkochen. Alles zugedeckt 10–12 Min. garen. **150 g Kirschtomaten** waschen, halbieren. **100 g Baby-spinat** waschen, verlesen. **200 g Pfifferlinge** putzen, grob zerteilen und in **1 EL heißem Olivenöl** 2–3 Min. braten. Mit **Meersalz** und **Pfeffer** würzen, mit **4 EL weißem Aceto balsamico** ablöschen. Pilzmix samt Dünstsud, Spinat und Tomaten unter den Dinkel mischen, würzen.

Pro Portion: ca. 10 g EW, 12 g F, 32 g KH

Urbane Blitz küche

Pfannengemüse-Spaghetti

Für 2 Personen: **75 g Spaghetti** in **Salzwasser** bissfest garen. **2 EL Olivenöl** in einer großen Pfanne erhitzen, **500 g italienisches TK-Pfannengemüse** darin 6–8 Min. braten. Spaghetti bis auf **2–3 EL Kochwasser** abgießen, unter das Gemüse mischen. Mit **Meersalz** und **Pfeffer** würzen. **100 g Schafskäse (Feta)** darüberbröckeln.

Pro Portion: ca. 17 g EW, 30 g F, 40 g KH

Lammkoteletts mit Tomatensalsa

Für 2 Personen: **4 Lammkoteletts (à 75 g)** mit einer Marinade aus **2 EL Olivenöl, 1 zerdrückten Knoblauchzehe, 1 TL Rosmarin, Meersalz** und **Pfeffer** bestreichen. Auf jeder Seite 4–5 Min. braten. **300 g Tomaten** waschen, würfeln. **1 kleine rote Zwiebel** schälen, hacken. Beides mit **1 EL Kapern, 2 TL Aceto balsamico,** Salz, Pfeffer, **2 TL Olivenöl** mischen.

Pro Portion: ca. 38 g EW, 50 g F, 2 g KH

Zucchinisuppe mit Kichererbsen

Für 2 Personen: **300 g Zucchini** waschen, putzen, würfeln. **Je 1 Zwiebel** und **Knoblauchzehe** schälen, fein würfeln, in **1 EL Olivenöl** glasig dünsten. Zucchini und **120 g abgetropfte Kichererbsen (Dose), 2 TL Currypulver** kurz mitdünsten. **400 ml Gemüsebrühe** und **50 g Sahne** angießen, mit **Meersalz** und **Cayennepfeffer** würzen, 10 Min. köcheln lassen, dann alles pürieren. Suppe mit **1 EL Zitronensaft** und Meersalz würzen. Mit **2 EL gehackter Petersilie** bestreuen.

Pro Portion: ca. 5 g EW, 14 g F, 11 g KH

leicht &frisch

Radieschen-Carpaccio

Für 2 Personen: **½ Bund Kräuter** waschen, Blätter abzupfen. Mit **2 EL Weißweinessig, 1 TL Honig, ½ TL Senf, Meersalz, Pfeffer, 2 EL Oliven-** und **2 TL Leinöl** pürieren. **250 g Radieschen** putzen, waschen, in Scheiben anrichten. Mit **60 g zerzupftem Rucola** bestreuen, mit Marinade beträufeln. **200 g Hüttenkäse** in Nocken daraufgeben.

Pro Portion: ca. 14 g EW, 18 g F, 8 g KH

Lachs-Wasabi-Tatar

Für 2 Personen: **1 Schalotte** schälen. **250 g Lachsfilet (Sushiqualität)** und **Schalotte** würfeln, beides mit **1 EL Limettensaft** mischen. **100 g Seidentofu, 1 TL Wasabipaste, 6 EL Milch** und **1 EL Limettensaft** verrühren, **salzen, pfeffern. 200 g Salatmischung** anrichten. Mit Sauce beträufeln, mit **40 g Alfalfasprossen** bestreuen. Tatar daraufgeben.

Pro Portion: ca. 31 g EW, 22 g F, 5 g KH

Einfach – Süß – Gesund

Lust auf was Süßes? Klar, dann sollten Sie auch auf den Körper hören und nachgeben. Natürlich mit Köpfchen.

Statt Fertig-Tiramisu lässt man sich die Schoko-Feigen-Mousse (siehe S. 127) langsam auf der Zunge zergehen ... Das ist Wolken-fluffig-cremiger Schokoladen-Höchstgenuss – ohne Reue.

Kann denn Süßes Sünde sein?

Nein, so nicht. Wenn der Kuchen oder die Mousse liefert, was der Körper braucht: z. B. Obst, Quark, Nüsse und Bitterschokolade. Wer selber bäckt oder Desserts zaubert, süßt automatisch weniger und kann Zucker schlau ersetzen, weiß, was drinsteckt, und schätzt den Wert. Selbstgemachtes erntet Lob und Spaß – auch ohne chemische Backhilfsmittel. Einfach ausprobieren und genießen. Bitterschokolade macht happy und wach. Nüsse versorgen mit Fit-Fetten, Quark und Seidentofu mit Eiweiß. Früchte und Akazienhonig süßen natürlich. Probieren Sie mal Raw-Schoko. Kakao ist ungeröstet eine der Pflanzen mit der höchsten zellschützenden Kraft. In der Bitterschokolade stecken achtmal so viele Mineralstoffe wie in der gleichen Menge Apfel. Da macht nichts mehr dick. Nur jung. Nur gesund.

Im Trend. Kokosnuss: Sie verwöhnt die Nerven mit B-Vitaminen, stärkt die Immunkraft, senkt das Cholesterin – und entgiftet den Körper. Liefert viel Selen. Einfach lecker: Kokoschips, als Snack oder übers Dessert gestreut. Kokosblütenzucker ist ein ganz besonderer Palmzucker aus dem Blütennektar der Kokospalme mit niedrigem GLYX. Das Trendgetränk Kokoswasser passt herrlich in den Smoothie, allerdings nur ganz pur!

3 Simple
-GLYX
-Regeln

2. Süß nicht zwischendurch: Wer Lust auf ein Dessert hat, darf mit den nächsten Seiten losnaschen. Damit der Blutzuckerspiegel nicht Achterbahn fährt, das Süße einfach an die Mahlzeit anhängen. Das macht aus No Carb eine normale simple-glyx-Mahlzeit. Und gehört mit einer Vor- und Hauptspeise zum simple-glyx-Menü – wenn man sich was gönnt oder Freunde kommen.

1. Glyxniedriges Obst wählen: Fruchtzucker macht Diabetes und Fettleber. Aber nur, wenn es aus dem Industrieprodukt kommt, nicht im natürlichen Verband, nicht im Apfel, der auch jede Menge Ballaststoffe hat. 2 Portionen Obst am Tag versorgen uns mit Vitaminen. Am besten glyxniedrig wählen: Apfel, Birne, Beeren, frische Feigen, Granatapfel, Grapefruit, Kumquats, Mandarine, Nektarine, Orange, Pfirsich, Pflaumen, Rhabarber, Sauerkirschen.

3. So macht das Dessert nicht dick: Wenn die Zutaten so natürlich wie möglich sind und wenn Getreide mit seinem ganzen Korn, Früchte, Tofu und Milchprodukte mit Vitalstoffen zum Genuss beitragen – und die Portion einen Gourmet glücklich gucken lässt, und ein Gourmand wenigstens nicht verzweifelt.

Glyx-Bringer:
All-you-can-eat-Schoki

Wer sich gerne Desserts macht, der darf sich einen Vorrat an selbst gemachter »Raw-Schoki« zulegen, die nicht auf die Hüften wandert.

Für ca. 230 g zartbittere Schokolade: 90 g Kakaobutterstückchen in eine Metallschüssel geben und über dem heißen Wasserbad schmelzen. Vorsicht, dass kein Wasser an die Kakaobutter gelangt, sonst gerinnt die Schokolade. Inzwischen in einer Schüssel 45 g ungeröstete gemahlene Kakaobohnen, 40 g Kakaopulver, 1 gestrichenen TL echte Bourbon-Vanille, 2 kleine Prisen Salz und je nach gewünschter Süße 30–60 g Agavendicksaft aufeinanderschichten. Die geschmolzene Kakaobutter darübergeben und alles 1 Minute kräftig verrühren, bis sich die Schokoladenmasse glättet. Anschließend die Schokoladenmasse in Förmchen gießen und im Kühlschrank fest werden lassen. Die All-you-can-eat-Schoki-Zutaten im simple-glyx-Set können Sie sich übrigens nach Hause schicken lassen (siehe S. 144).

SCHNELL

Für 6 Personen à 100 ml

50 g Kokosblütenzucker
(ersatzweise Rohrohrzucker)
1 Bio-Zitrone
500 g Buttermilch
1 TL pflanzliches Bindemittel
(z. B. Guarkernmehl)
Minzeblättchen zum Garnieren

Zubereitung: 15 Min.
Gefrieren: 6 Std.
Pro Portion:
ca. 3 g EW, 0 g F, 12 g KH

Frozen Buttermilch

1 Den Zucker mit 5 EL Wasser in einem kleinen Topf aufkochen, bis sich der Zucker aufgelöst hat. Den Topf vom Herd nehmen und den Zuckersirup abkühlen lassen. Die Zitrone heiß waschen und abtrocknen, die Schale fein abreiben und 3 EL Zitronensaft auspressen. Beides mit Zuckersirup, Buttermilch und Bindemittel gut verrühren.

2 Die Zitronen-Buttermilch in eine Eismaschine füllen und in 30 Min. fest werden lassen. Oder die Masse in eine Metallschüssel geben und 6 Std. ins Tiefkühlfach stellen. Dabei mit einem Schneebesen immer wieder umrühren, damit die Masse cremig wird. Zum Servieren mit einem Eisportionierer oder Esslöffel von der Frozen Buttermilch Nocken abstechen und in einer Schale anrichten. Mit Minzeblättchen garnieren. Den Rest der Masse umfüllen und im Tiefkühlfach aufbewahren.

Genuss-Tipp *Frozen Buttermilch ist ein erfrischender Snack für zwischendurch. Sie können das Sorbet auch in einer Kaltschale oder mit frischen Früchten oder Beeren garniert als leichtes Dessert servieren.*

Erdbeer-Sauce

1 Die Erdbeeren waschen, putzen und grob zerteilen. In eine hohe Rührschüssel geben und mit einem Pürierstab fein pürieren, bis eine homogene Masse entstanden ist.

2 Sirup, Zitronenschale und Zitronensaft dazugeben und kurz untermixen. Das Fruchtpüree randvoll in saubere Twist-off-Gläser füllen und die Gläser verschließen. Im Kühlschrank hält sich die Sauce 1–2 Wochen. Das schmeckt dazu: Obstsalat, Quarkspeise oder Chiapudding, Amaranth-Pfannkuchen und Eiscreme oder Sorbet.

Genuss-Tipp *Mixen Sie wie oben beschrieben Ihr Lieblings-Fruchtmus! Statt der Erdbeeren eignen sich auch andere feste, nicht zu saftige Früchte wie Aprikosen, Brombeeren, Pflaumen oder Pfirsiche. Gewürze wie Zimt, Nelken, Vanille oder Ingwer peppen die Sauce auf. Und wenn es zur Abwechslung ein Brotaufstrich sein soll: 1–2 EL fein gemahlene Mandeln oder Haselnüsse oder 1 TL pflanzliches Bindemittel zum Andicken unterrühren.*

Für 2 Gläser à 150 ml

VEGAN

350 g Erdbeeren
50 g Agaven- oder Ahornsirup
1 TL abgeriebene Schale von
1 Bio-Zitrone
1–2 TL Zitronensaft

Zubereitung: 10 Min.
Pro 2 EL (ca. 30 ml):
ca. 0 g EW, 0 g F, 6 g KH

SCHNELL

Für 2 Personen

200 g Rhabarber
50 g Erdbeersauce
(siehe S. 125)
½ TL abgeriebene Schale von
1 Bio-Orange
2 EL Orangensaft
200 g Magerquark
2 EL Naturjoghurt
2 TL Agavendicksaft
30 g Hafer-Vollkornkekse
2 TL gehackte Pistazien

Zubereitung:
20 Min. (+ Abkühlen)
Kühlen: 2 Std.
Pro Portion:
ca. 17 g EW, 5 g F, 33 g KH

Rhabarber-Trifle

1 Den Rhabarber waschen, putzen und eventuell die Fäden abziehen. Rhabarber in 1 cm breite Stücke schneiden. Mit Erdbeersauce, Orangenschale und Orangensaft in einen kleinen Topf geben, aufkochen und bei mittlerer Hitze 4–5 Min. köcheln lassen, bis der Rhabarber weich, aber noch nicht zerfallen ist. In eine Schüssel füllen und etwas abkühlen lassen.

2 Den Quark mit Joghurt und Agavendicksaft glatt rühren. Die Kekse in einen Gefrierbeutel geben und den Beutel verschließen. Die Kekse mit einer Teigrolle grob zerdrücken. Quarkmix, Rhabarberkompott und Kekse abwechselnd in mehreren Lagen in zwei Gläser (à 300 ml Inhalt) schichten und 1–2 Std. kalt stellen. Mit gehackten Pistazien garniert servieren.

Genuss-Tipp *Die Schichtspeise ist ideal für Gäste: Die Mengen entsprechend erhöhen. Das Dessert schon am Vormittag zubereiten und abgedeckt in den Kühlschrank stellen. Statt Erdbeersauce können Sie auch Erdbeeraufstrich ohne Stücke und Kerne verwenden.*

Schoko-Feigen-Mousse

TO GO

Für 2 Personen

60 g Bitterschokolade
(mind. 70 % Kakaoanteil)
100 ml Milch
1 TL pflanzliches weißes Geliermittel (z. B. Agartine)
2 Eiweiß (Größe M) | Meersalz
1 ½ EL Rohrohrzucker
3 reife Feigen

1 50 g Schokolade grob hacken, mit Milch und Geliermittel in einer kleinen Kasserolle verrühren und unter Rühren bei kleiner Hitze auflösen. Anschließend bei sehr kleiner Hitze 1–2 Min. köcheln lassen. Die Schokomasse etwas abkühlen lassen, dann kalt stellen.

2 Wenn die Schokomasse zu gelieren beginnt, die Eiweiße mit 1 Prise Salz steif schlagen, dabei den Zucker einrieseln lassen. Die Schokomasse kräftig durchrühren und den Eischnee mit dem Schneebesen unterziehen. Die Mousse in zwei Gläser oder Dessertschalen füllen und 2 Std. kalt stellen.

3 Vor dem Servieren die Feigen waschen, vorsichtig abtrocknen, den Stiel entfernen und die Früchte in dünne Scheiben schneiden. Die Mousse mit den Feigenscheiben garnieren. Die übrige Schokolade hobeln und darüberstreuen.

Zubereitung:
20 Min. (+ Abkühlen)

Kühlen: 2 Std.

Pro Portion:
ca. 9 g EW, 14 g F, 30 g KH

Genuss-Tipp *Sind gerade keine Feigen im Angebot? Dann garnieren Sie die Mousse mit Physalis, Kirschen oder Erdbeeren. Hübsch sieht das Dessert auch aus, wenn Sie die Creme in Nocken auf einem Dessertteller anrichten.*

Für 3 Personen

50 g Quinoa
75 g Dinkelmehl (Type 630)
2 TL Weinstein-Backpulver
2 TL Rohrohrzucker
½ TL gemahlene Vanille
1 Prise Meersalz
1 Ei (Größe M)
4 EL Milch
150 g Himbeeren und Blaubeeren
1 Kiwi oder ½ Banane
2 TL Ahornsirup
Außerdem:
1–2 EL Öl zum Ausbacken
1 EL gepuffter Quinoa (ersatzweise Amaranth-Pops)

Zubereitung:
45 Min. (+ Abkühlen)
Pro Portion:
ca. 9 g EW, 11 g F, 39 g KH

1 Quinoa in einem Sieb abbrausen, mit 150 ml Wasser in einem kleinen Topf aufkochen und zugedeckt bei mittlerer Hitze 15 Min. quellen lassen. Die überstehende Flüssigkeit abgießen und Quinoa abkühlen lassen.

2 Mehl, Backpulver, abgekühlten Quinoa, Zucker, Vanille und Meersalz in einer Schüssel mischen. Mit Ei und Milch zu einem glatten, dicklichen Teig verquirlen. Den Teig 5 Min. quellen lassen.

3 Etwas Öl zum Ausbacken in einer großen beschichteten Pfanne erhitzen. Jeweils 2 EL Teig in die Pfanne geben, die kleinen Pfannkuchen (8 cm Ø) bei mittlerer Hitze auf jeder Seite in 2–3 Min. goldbraun backen. Aus der Pfanne nehmen, erneut etwas Öl erhitzen und restliche Pfannkuchen ausbacken. Die fertigen Pancakes im heißen Backofen auf einem Teller bei 70–80° warm halten.

4 Inzwischen die Beeren, wenn nötig, kurz abbrausen und verlesen. Kiwi oder Banane schälen, längs halbieren und in Scheiben schneiden. Die Pancakes mit dem Obst auf Teller geben und mit dem Ahornsirup beträufeln. Mit dem gepufften Quinoa bestreut servieren.

Genuss-Tipp *Fluffig, leicht und umwerfend gut – mit diesen Pancakes können Sie den Tag begrüßen oder auch mal mittags eine herzhafte Mahlzeit ersetzen.*

Quinoa-Pancakes

Vegan-Variante *Das Ei und die Milch im Teig durch 1 EL fein geriebene Mandeln und 125 ml Mandeldrink ersetzen und 5 Min. quellen lassen. Dann die Pancakes wie beschrieben ausbacken.*

VEGETARISCH

Für 2 Personen

2 Birnen (à ca. 150 g)
1 EL Zitronensaft
2 TL Butter
1 Msp. Zimtpulver
1 TL Ahornsirup
2 Eier (Größe M)
40 g Bitterschokolade
(mind. 70 % Kakaoanteil)
1 EL Rohrohrzucker
2 EL Dinkel-Vollkorngrieß
250 g Magerquark
½ TL abgeriebene Schale von
1 Bio-Zitrone | 1 Prise Meersalz
Kakaopulver zum Bestäuben

Zubereitung: 25 Min.
Backen: 20 Min.
Pro Portion:
ca. 28 g EW, 20 g F, 40 g KH

Schoko-Quark-Gratin

1 Die Birnen vierteln, schälen und entkernen. Die Birnenviertel in kleine Würfel schneiden und mit dem Zitronensaft mischen. Die Butter in einer Pfanne zerlassen, die Birnenwürfel darin bei mittlerer Hitze 2–3 Min. dünsten, mit Zimtpulver und Ahornsirup würzen. Birnen vom Herd nehmen, in eine Auflaufform (15 x 20 cm) füllen und etwas abkühlen lassen.

2 Den Backofen auf 200° vorheizen. Die Eier trennen. Die Schokolade fein hacken. Eigelbe und Zucker mit den Quirlen des Handrührgeräts cremig schlagen, den Grieß unterrühren. Nach und nach den Quark und die Zitronenschale unterschlagen. Die Schokolade unterheben.

3 Die Eiweiße mit Salz steif schlagen und ebenfalls unterheben. Die Quarkmasse auf den Birnen verteilen. Im Ofen (Mitte) 20 Min. backen. Das Gratin mit Kakaopulver bestäuben und sofort servieren.

Genuss-Tipp *Das Gratin ist eine süße Mahlzeit für zwei. Sie können Birnen und Quarkmasse aber auch auf flache Förmchen verteilen und als Dessert für vier servieren.*

Amaranth-Auflauf

1 Den Amaranth abbrausen und abtropfen lassen. Vanilleschote längs aufschneiden, das Mark herauskratzen. Die Milch mit Vanillemark, Schote und Zitronenschale aufkochen. Amaranth mit einem Schneebesen einrühren, erneut aufkochen und zugedeckt bei kleiner Hitze 15 Min. garen, dabei gelegentlich umrühren. Dann auf dem abgeschalteten Herd weitere 10 Min. quellen lassen.

2 Inzwischen den Backofen auf 180° vorheizen. Eine kleine Auflaufform (ca. 15 x 20 cm) dünn mit Butter einfetten und mit Mandeln ausstreuen. Zwetschgen waschen, halbieren, entsteinen und in dünne Spalten schneiden.

3 Die Eier trennen. Eigelbe mit Agavensirup und Quark cremig rühren. Erst den etwas abgekühlten Amaranth, dann die Zwetschgen unter die Quarkmasse mischen. Eiweiße mit dem Salz steif schlagen und unterheben. Quarkmasse in die Form füllen, mit Mandelblättchen bestreuen und im Ofen (Mitte) 30–35 Min. backen.

Genuss-Tipp *Den Auflauf können Sie je nach Jahreszeit mit Äpfeln, Aprikosen, Birnen oder Kirschen variieren.*

Für 2 Personen

VEGETARISCH

60 g Amaranth
¼ Vanilleschote
200 ml Milch
1 Stück Schale von 1 Bio-Zitrone (ca. 3 cm)
250 g Zwetschgen
2 Eier (Größe M)
1 EL Agavensirup
150 g Magerquark
1 Prise Salz
1 EL gehobelte Mandeln
Butter für die Form
gemahlene Mandeln für die Form

Zubereitung: 45 Min.
Backen: 35 Min.
Pro Portion:
ca. 27 g EW, 16 g F, 39 g KH

Apfel-Cranberry-Crumble

Für 2 Personen: **2 Äpfel (z. B. Boskoop)** vierteln, schälen, entkernen und klein schneiden. Mit **1 EL Zitronensaft, 20 g getrockneten Soft-Cranberrys** und **½ TL gemahlener Vanille** mischen. Eine kleine Auflaufform mit Butter einfetten, Apfelmischung hineingeben. **40 g Dinkelmehl (Type 630), 30 g gemahlene Mandeln, 2 TL Rohrohrzucker, 100 g körnigen Frischkäse** und **½ TL Zimtpulver** mit den Händen zu Streuseln verkneten, auf den Äpfeln verteilen. Im vorgeheizten Ofen (Mitte) bei 180° in 25–30 Min. goldbraun backen. Mit je **1 EL Joghurt** servieren.

Pro Portion: ca. 13 g EW, 12 g F, 47 g KH

SüßeMinirezepte

Himbeer-Seidentofu-Sorbet

Für 4 Portionen (ca. 400 ml): **300 g TK-Himbeeren** 10 Min. antauen lassen, mit **150 g Seidentofu** und **3 TL Rohrohrzucker** in einem hohen Gefäß pürieren. Sofort in Gläser füllen. Mit **1 EL Kokosraspeln** bestreuen.

Pro Portion: ca. 3 g EW, 3 g F, 8 g KH

Aprikosen-Carpaccio mit Thymian

Für 2 Personen: **200 g große Aprikosen** halbieren, entsteinen, in sehr dünne Scheiben schneiden, auf Tellern fächerartig anrichten. **2 EL Zitronensaft** mit **2 TL flüssigem Akazienhonig** verquirlen, darüberträufeln. Mit **2 TL Thymianblättchen** und **1 EL gehackten Walnüssen** bestreuen. Je **1 EL Sahnejoghurt** daraufgeben, mit **Zimtpulver** bestäuben.

Pro Portion: ca. 3 g EW, 9 g F, 17 g KH

Orientalischer Orangenreis

Für 3 Personen: **Je 150 ml Wasser** mit **¼ Zimtstange** aufkochen. **60 g 10-Minuten-Naturreis** dazugeben. Zugedeckt bei kleiner Hitze 10 Min. quellen lassen. **2 getrocknete Aprikosen** klein würfeln, mit **2 TL grob gehackten Pistazien** und **1 EL gehackten Haselnüssen** anrösten, unter den Reis mischen. **150 g Naturjoghurt** mit **1 TL flüssigem Akazienhonig** verrühren. **1 Orange** schälen, halbieren und in dünne Scheiben schneiden. Beides auf dem Reis verteilen.

Pro Portion: ca. 6 g EW, 9 g F, 33 g KH

fein &frisch

Dickmilch-Kaltschale

Für 2 Personen: **400 g Dickmilch**, **2 TL Akazienhonig**, **75 ml Milch** und **½ TL abgeriebener Schale von 1 Bio-Zitrone** verrühren, kalt stellen. **150 g TK-Heidelbeeren** antauen lassen, mit **1 EL Rohrohrzucker** pürieren. **50 g Heidelbeeren** untermischen. Kaltschale anrichten, Beerenpüree in die Mitte geben, mit **1 EL Amaranth-Pops** bestreuen.

Pro Portion: ca. 9 g EW, 9 g F, 40 g KH

Grapefruitsalat mit Frischkäse

Für 2 Personen: **200 g Cantaloup-Melone** schälen, in dünne Spalten schneiden. **1 rosa Grapefruit** schälen, Filets herausschneiden, Saft auffangen. **200 g körnigen Frischkäse**, **1 EL Grapefruitsaft**, **2 TL Honig** und **1 Msp. Zimtpulver** verrühren. Obst anrichten. Käsecreme darauf verteilen. Mit **1 EL gerösteten Sesamsamen** bestreuen.

Pro Portion: ca. 14 g EW, 6 g F, 25 g KH

Die simple-glyx-

Planen entstresst. Bevor Sie einkaufen gehen, diese Liste kopieren – eintragen, was im Vorrat fehlt und Sie zum Zubereiten der Gerichte brauchen.

Von Fensterbank & Beet

- Bärlauch
- Basilikum
- Bohnenkraut
- Borretsch
- Dill
- Kerbel
- Koriandergrün
- Kresse
- Oregano
- Petersilie
- Pimpernell
- Rosmarin
- Salbei
- Sauerampfer
- Thymian
- Zitronenmelisse

Aus dem Supermarkt

Vorrat

- Artischockenherzen (Dose)
- Bohnen, weiß (Dose)
- Cornichons
- Cranberrys, getrocknet
- Gemüsebrühe (Instant)
- Haferflocken, kernig
- Kapern
- Kichererbsen (Dose)
- Kokosmilch, ungesüßt
- Langkornreis, natur

- Mini-Maiskölbchen
- Oliven, schwarz
- Pesto, rot
- Sauerkraut
- Thunfisch, im eigenen Saft
- Tomaten, stückige (Dose)
- _____
- _____
- _____

Getrocknete Hülsenfrüchte, Kerne, Nüsse, Samen

- Cashewnusskerne
- Erdnusskerne
- Haselnusskerne
- Kürbiskerne
- Linsen
- Mandeln
- Pinienkerne
- Pistazienkerne
- Sonnenblumenkerne
- Sesamsamen
- Walnusskerne

TK-Produkte

- Beeren, gemischt
- Dicke Bohnenkerne, grün
- Erbsen
- Garnelen roh, geschält
- Prinzessbohnen, grün
- verschiedene Gemüsesorten

Getränke

- Mineralwasser
- Orangensaft
- Sauerkirschsaft
- Tomatensaft

Milch- und Sojaprodukte

- Butter
- Buttermilch
- Dickmilch
- Kefir
- Milch
- Naturjoghurt
- Sahne
- Sojajoghurt, Sojasahne
- Speisequark
- Tofu

Käse und Eier

- Büffelmozzarella
- Eier
- Frischkäse
- Frischkäse, körnig
- Halloumi-Käse
- Käse-Aufschnitt (z. B. Tilsiter, Emmentaler)
- Limburger (20 % Fett)
- Mozzarellakugeln
- Parmesan, Pecorino
- Ricotta
- Ziegenfrischkäse

Vorrats liste

Gewürze und Würzen

Ajvar (scharf, mild)

Currypulver

Harissa

Kreuzkümmel

Lorbeerblätter

Meerrettich, gerieben

Paprikapulver, rosenscharf

Paprikapulver, edelsüß

Pulbiber (scharfe Paprikaflocken)

Sambal oelek

Senf

Senfkörner

Vanille, gemahlen

Vanilleschote

Wacholderbeeren

Zimtpulver

Essige und Öle

Aceto balsamico, dunkel

Aceto balsamico, weiß

Erdnussöl

Leinöl

Mandelöl

Olivenöl

Rapsöl

Reisessig, hell

Rotweinessig

Sesamöl, dunkel

Walnussöl

Süßungs- und Backmittel

Agavendicksaft

Agavensirup

Akazienhonig

Apfeldicksaft

Bitterschokolade
(mind. 70 % Kakaoanteil)

Birkenzucker, Bio

Hefe

Kakaopulver

Kokosblütenzucker

Rohrohrzucker

Stevia

Weinstein-Backpulver

Zuckerrübensirup

Aus der Naturkost-Ecke

Agar-Agar

Apfelpektin

Amaranth

Brotgewürz-Mischung

Chiasamen

Curry-Mango-Tofu

Dinkelflocken

Dinkel-Vollkorngrieß

Dinkel-Vollkornmehl

Dinkel-wie-Reis (parboiled)

Guarkernmehl

Haselnussmus

Hefeflocken

Kichererbsenmehl

Leinsamen

Lupinenfilet

Mandelmus

Quinoa

Roggen-Vollkornmehl

Sanddornsaft mit Honig

Sauerteig (natur)

Seidentofu, Seitan

Sojamehl

Tahin (Sesammus)

Vollkorn-Semmelbrösel

Vom Bäcker

Eiweißbrot

Pumpernickel

Roggen-Schrotbrot

Vollkornbaguette

_____

_____

Von der Fischtheke

Doradenfilet

Forelle

Kabeljau

Lachsfilet

Matjes-Doppelfilet

Nordseekrabbenfleisch

Pangasiusfilet, Bio

Räucherlachs

Rotbarsch

Thunfischfilet

_____

_____

_____

_____

Vom Metzger

Fleisch, Geflügel, Wild

Hähnchenbrustfilet

Kalbslende

Kalbsschnitzel

Lammfleisch, mager
(aus der Keule)

Lammlachse

Putenschnitzel

Rindergulasch, mager

Rinderhüftsteaks

Tatar (Beefsteakhackfleisch)

Aufschnitt

Hähnchenbrust-Aufschnitt

Lachsschinken

Parmaschinken

Putenbrust-Aufschnitt

_____

_____

_____

_____

Aus dem Asienladen

Chilipulver, asiatisch

Glasnudeln

Misopaste

Mungobohnennudeln

Sojasauce

Teriyakisauce

Thai-Currypaste, rot

Wasabi

Zitronengras

Aus dem Gemüseladen

Alfalfasprossen

Aubergine

Avocado

Baby-Pak-Choi

Babyspinat

Blumenkohl

Brokkoli

Chilischoten

Chinakohl

Frühlingszwiebeln

Fenchelknolle

Gurke

Ingwer

Kartoffeln, festkochend

Kirschtomaten

Kohlrabi

Lauch

Mangold

Möhren

Mungobohnensprossen

Paprikaschoten

Pastinaken

Pilze

Portulak

Radieschen

Rettich

Schalotten

Spargel, grün

Spitzkohl

Staudensellerie

Tomaten

Topinambur

Wirsing

Zuckerschoten

_____

Salate

Chicorée

Radicchio

Romanasalat

Rucola

_____

_____

_____

_____

Obst

Äpfel

Aprikosen

Banane

Bergpfirsiche

Birnen

Cantaloup-Melone

Erdbeeren

Feigen

Grapefruit

Heidelbeeren

Himbeeren

Kiwi

Limetten (Bio-)

Nektarinen

Orangen

Papaya

Physalis

Rhabarber

Zitronen (Bio-)

Zwetschgen

_____

_____

_____

_____

_____

_____

Rezeptregister

Damit Sie Rezepte mit bestimmten Zutaten noch schneller finden, sind in diesem Register auch beliebte Zutaten wie **Avocado** und **Beeren** alphabetisch eingeordnet und hervorgehoben. Darunter finden Sie das Rezept Ihrer Wahl.

Zu bestellen

Power-Mixer: Der Alleskönner ist in der simple-glyx-Küche unverzichtbar! Er zaubert im Nu Nussmus, Pesto, cremige Smoothies, leckere Säfte, Eis, kalte Suppen und gefrorene Drinks. 30.000 Umdrehungen pro Minute spalten die Zellwände von Obst und Gemüse auf und machen viele Nährstoffe so erst für den Körper verfügbar (ab 399 €).

Maxxl: Der Design-Vakuumisolierbehälter mit drei Abteilungen – zum Mitnehmen der glyx-Gerichte auf die Reise, ins Büro (19,90 €).

Raw-Geräte: Die trendigen Dörr-Öfchen gibt's in verschiedenen Größen. Sie trocknen vitaminschonend zwischen 30 und 70 Grad Obst, Gemüse, Pilze, Kräuter, backen Kuchenböden, Pizza, Brot. Excalibur, Sedona und Dörrex (ab 165 €).

Getreidemühle: Der ideale Begleiter für den Start ins glyxniedrige Leben. Fasst ein Kilo Getreide. Pro Minute mahlt der Korund/Keramik-Mahlstein 100 g Mehl. Grob mahlen zwischendurch reinigt die Mühle von allein. Wird auch glutenfrei (mit Reis) eingemahlen – bitte bei Bestellung angeben (349 €).

Spirali: Der Spiralo zaubert im Nu aus Zucchini, Möhren, Rettich, Äpfeln, Birnen und Co. leckere Spaghetti, dünne Spiralen, Streifen oder Scheiben. Besonders gefragt in der Raw-Food-Küche (32,90 €).

Eiweißformel 7 plus: Für die Autorin entwickeltes Eiweißpulver (fast) ohne Kohlenhydrate mit hoher biologischer Wertigkeit und niedrigem GLYX, dem Fatburner L-Carnitin und Magnesiumcitrat für den Säure-Basen-Haushalt. Ohne Farb-, Süß- und synthetische Aromastoffe (560 Gramm, 39 €). Gibt's jetzt auch **vegan**.

Amino4u: Die rein pflanzlichen Tabletten enthalten alle acht essenziellen Aminosäuren in quasi vorverdauter Form. Sie gelangen schnell ins Blut. Prima, um (halb)leere Eiweißspeicher aufzufüllen. Praktisch für unterwegs (49 €).

All-you-can-eat-Schokolade: Die vegane »Selber-mach-raw-Schokolade« hat einen niedrigen GLYX und macht schnell satt, der Kakaoanteil liegt über 75 Prozent. Als Starterset mit Formen, Schüsseln, Stövchen und allen Zutaten oder nur die Zutaten als Nachfüllset (36 €).

Fatburner-Trampolin: Den fröhlichsten Hometrainer der Welt gibt es in vier Gewichtsklassen von 30 bis 180 Kilogramm Körpergewicht (ab 189 €). Passt zum Training: **Flexband** in zwei Stärken, **X-Co-Hanteln** und **Power-Leggs**.

Auch im Sortiment: Analysewaage, Basenbad, Bergkräutertee, Basenkosmetik, Bittertrunk, Vibrationstrainer Galileo, Getreide-Flocker, Schrittzähler, Pulsuhr, Flexi-Bar, Schwungmasse-Hanteln, Bücher, E-Books …

Bestellen und/oder informieren unter:

www.fidolino.com

Fidolino berät Sie am Telefon – und liefert alles zu Ihnen nach Hause.

Telefon: (0049)/ (0) 89/ 40268135
Fax: (0049)/ (0) 89 / 40268134
E-Mail: **info@fidolino.com**

IMPRESSUM

Die Autorinnen

Marion Grillparzer, Jahrgang 1961, ist Diplom-Ökotrophologin und ausgebildete Journalistin. Sie lebt in München und schreibt als freie Autorin seit vielen Jahren Gesundheitsbücher für GRÄFE UND UNZER (»Fatburner«, »Die All You Can Eat Diät«, »33 Magische Suppen«, »Simple Detox«). Sie entwickelte die GLYX-Diät. Wissenschaftlich fundiert beschreibt sie das GLYX-Prinzip als wirkungsvolle, praktikable Lebensphilosophie. Der Beweis: Über 1,5 Million verkaufte Bücher. Und der Erfolg der Menschen im Forum auf www. die-glyx-diaet.de. Seit 15 Jahren steht ihr Martina Kittler, ebenfalls Ökotrophologin und bekannte Kochbuchautorin, zur Seite, wenn es um die Praxis geht: das Entwickeln der wirklich allerbesten Rezepte.
Mehr über das GLYX-Team:
www.mariongrillparzer.de

Die Fotografin

Mona Binner war schon als Kind von Fotos fasziniert, und somit war der berufliche Weg früh klar. Nach der Ausbildung zur Werbefotografin folgte ein Jahr als freie Assistenz in Hannover, Hamburg und London. Hier entdeckte sie die Liebe zur Food-Fotografie. Seit 2007 arbeitet sie erfolgreich für namhafte Kunden, Magazine und Verlage. Ein besonderes Gespür für Licht und Farbe bestimmt die Ästhetik der Aufnahmen und führt zur unverwechselbaren Bildsprache. Noch mehr von ihr unter: www.monabinner.de. Unterstützt wurde sie in diesem Buch von Kristina Geisel und Rabea Salié (Fotoassistenz) und Sarah Trenkle, mit der sie die Rezepte in diesem Buch in Szene gesetzt hat.

Bildnachweis

Titelfoto: Anke Schütz, Buxtehude
Seite 2-3, Seite 7: Studio L'EVEQUE Tanja und Harry Bischof, München
Alle anderen: mona binner PHOTOGRAPHIE, Hannover
Illustrationen: Katharina Rocksien
Titelbildrezept: Garnelen-Penne (S. 63)

Projektleitung: Tanja Dusy
Lektorat: Maryna Zimdars
Korrektorat: Karin Leonhart
Innen- und Umschlaggestaltung: independent Medien-Design, Horst Moser, München
Satz: Longo AG, Bozen
Reproduktion: Longo AG, Bozen
Herstellung: Markus Plötz
Druck und Bindung: Firmengruppe Appl, Wemding
Syndication: www.jalag-syndication.de
ISBN: 978-3-8338-4429-4

1. Auflage 2015

Ein Unternehmen der
GANSKE VERLAGSGRUPPE

www.facebook.com/gu.verlag

Backofenhinweis

Die Backzeiten können je nach Herd variieren. Die Temperaturangaben in diesem Buch beziehen sich auf das Backen im Elektroherd mit Ober- und Unterhitze und können bei Gasherden oder Backen mit Umluft abweichen. Details entnehmen Sie bitte der Gebrauchsanweisung für Ihren Herd.

Umwelthinweis: Dieses Buch ist auf PEFC-zertifiziertem Papier aus nachhaltiger Waldwirtschaft gedruckt.

Kleine g l y x Tabelle

Süße und saure Früchte

	Eiweiß	Fit-Fett	Ballast-stoffe	GLYX-Carbs
😊 Ananas, frisch (125 g)	1	0	2	15
😊 1 kleiner Apfel (100 g)	0	0	2	10
😋 5 Apfelringe, getrocknet (25 g)	0	0	3	15
😊 2 Aprikosen (50 g)	0	0	1	4
😄 1 Avocado (200 g)	4	47	13	1
😊 1 kleine Banane, etwas grün (100 g)	1	0	2	20
😄 1 kleine Schale Beeren (125 g)	1	1	5	10
😄 1 kleine Birne (100 g)	1	0	3	10
😠 3 Datteln, getrocknet (25 g)	1	0	2	15
😊 1 Kiwi (100 g)	1	1	4	10
😄 1 Pfirsich (125 g)	1	0	2	10
😄 3 Pflaumen (100 g)	1	0	2	10
😊 2 TL Rosinen (15 g)	0	0	1	10
😊 Wassermelone (125 g)	1	0	0	10
😊 Weintrauben (125 g)	1	0	2	20
😄 Zitrusfrüchte (125 g)	1	0	1	15

Gemüse und Hülsenfrüchte

	Eiweiß	Fit-Fett	Ballast-stoffe	GLYX-Carbs
😄 Artischocke (150 g)	4	0	16	4
😄 Aubergine (150 g)	2	0	4	4
😄 Gemischte Blattsalate (150 g)	2	0	3	2
😄 Bohnen, weiß (125 g)	11	1	9	20
😄 Bohnen, grün, gegart (125 g)	3	0	4	4
😄 Gemüsemischung (TK) (200 g)	6	1	**	10
😄 Kichererbsen (Dose, 125 g)	9	3	6	20
😄 Kohlgemüse (150 g)	3	0	5	5
😊 Kürbis (200 g)	3	0	2	10
😄 1 Stange Lauch (150 g)	3	1	3	5
😊 Linsen (Dose, 125 g)	7	0	3	15
😊 1 EL Mais (Dose, 15 g)	1	0	1	3

	Eiweiß	Fit-Fett	Ballast-stoffe	GLYX-Carbs
😊 2 Möhren, gegart (150 g)	1	0	4	10
😊 2 Möhren, roh (150 g)	1	0	4	10
😊 Paprika (150 g)	2	1	5	10
😊 4 Pastinaken (200 g)	3	1	8	5
😊 Pilze, frisch (250 g/200 g)*	4	1	10	2
😊 Rote Bete (150 g)	2	0	4	10
😊 Saubohnen, getrocknet (40 g)	9	1	4	15
😄 Sauerkraut (150 g)	2	0	3	4
😄 1 Pfund Spargel, geputzt (350 g)	7	1	5	5
😄 Spinat, Mangold (150 g)	4	0	4	1
😊 Süßkartoffel (150 g)	2	1	5	35
😊 2 Tomaten (150 g)	1	0	1	4
😊 Topinambur (100 g)	2	0	12	4
😊 Zucchini (150 g)	2	1	2	3
😄 Zwiebel (50 g)	1	0	1	2

Eier, Milch- & Sojaprodukte

	Eiweiß	Fit-Fett	Ballast-stoffe	GLYX-Carbs
😊 1 Ei, gekocht (60 g)	8	7	0	0
😄 1 kleines Stück Feta (45 %, 30 g)	5	6	0	0
😄 1 EL Frischkäse (15 g)	2	1	0	1
😊 1 kleines Stück Halloumi (30 g)	8	8	0	0
😊 1 EL Parmesan, Pecorino (52 %)	4	3	0	0
😄 1/2 Kugel Mozzarella (60 g)	11	9	0	0
😊 1 Ecke Weichkäse (70 %, 30 g)	4	12	0	0
😊 1 EL Butter (15 g)	0	13	0	0
😄 1 Glas Buttermilch (0,2 l)	7	1	0	10
😄 1 Becher Joghurt (3,5 %, 150 g)	5	6	0	5
😊 1 Becher Joghurt (3,5 %) mit Frucht-zubereitung (150 g)	4	5	1	20
😊 1 Glas frische Milch (3,5 %, 0,2 l)	7	7	0	10
😊 1 EL Sahne (30 %, 15 g)	1	5	0	1